言葉って不思議で
おもしろい！

頭がよくなる！ こくごのおんどく

監修：土居 正博

寄稿：親野智可等

KADOKAWA

はじめに

音読力、とりわけ「流暢にスラスラと文章を読み上げることができる力」は、読解力はもちろん学力全体の基礎となる力です。このことは、教育心理学等の多くの研究から明らかになっています。

公立小学校の教師として多くの小学生と接してきた私の現場経験からも、同様のことを強く感じます。スラスラと音読をすることができない子が、文章の深い読解をできるケースはほとんど見たことがありません。また、算数や理科、社会といった国語以外の教科の学習も、基本的には教科書に書かれている文章を読みながら行っていきますから、よどみない音読ができるほど、学習内容を理解しやすくなります。

小学校低学年やそれ以前から音読力を高めておくことは、子どもが勉強を好きになり、得意になっていく上でも非常に重要なのです。

そんな重要な音読に、子どもたちが進んで取り組めるようになるのが本書です。本書には、子どもが主体的に取り組み、なおかつ飽きずに音読を続けられる工夫がちりばめられています。

お話は、「国語」や「言葉」をテーマにしています。動物の鳴き声から、早口言葉、擬音語や擬態語、拗音や促音、ことわざ、さまざまな語彙など、たくさんの日本語と言葉に触れられる構成となっています。

子どもたちの言語能力の発達において、とにかく言葉に「触れる」のは非常に有意義なことです。意味は深くわからなくても、母語である日本語のさまざまな使い方にとにかく触れていくことで、自然と日本語特有の使い方やリズムが身についていくのです。我々大人だって、学校に入って先生に国語を教わるずっと前の子どもの頃から、日本語を話すことができていましたよね。まさに、「習うより慣れよ」ということです。

本書を通して、子どもたちが音読を、そして日本語を大好きになってくれれば、こんなに嬉しいことはありません。ぜひ本書をお役立ていただき、子どもたちの音読力を伸ばしてください。

土居正博

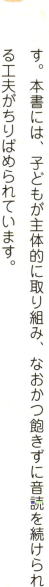

（音読の効果）

小学校で毎日と言っていいほど宿題になる音読。実は音読には、学力の〝基礎体力〟となるような力を育む効果があるのです。

学びの土台となる力、それは「語彙力」と「読解力」です。語彙力と読解力と聞くと、国語に強く関連があるように思いますが、どんな教科でもまずは問題文を理解しなければなりません。つまり、算数や理科など他の教科や、ひいては長い人生を生きていくためにも語彙力や読解力は大きく関わっているのです。そしてこの２つの力は、音読によってぐんぐん伸ばすことができます。

〝おんどく〟はすべてのまなびの土台となる力を育む

音読で身につく力

語彙力《ごいりょく》

「語彙力」とは、**言葉の意味を理解し、適切な文脈で使用することのできる力**を指します。文章を理解するためには語彙力が必須です。本書には、一般的に文系と括られる分野に関連するさまざまな「語彙」が含まれています。初めは理解ができない言葉があっても、音読をすることで口に出し、口に出した語彙を耳から聞くことで、**「聞いたことのある語彙」**に子どもの中で進化します。さらに、お話を理解して読むことで、「聞いたことのある語彙」が**「意味を知っている語彙」**に進化します。音読を積み重ねていくことで、着実に子ども自身の語彙力として身についていくのです。

読解力

「読解力」とは**読んで理解する力**のこと。文章をスラスラと読み上げる力は、物事をすばやく理解する力と大きく関係しています。大人でも、一見しただけでは理解することが難しい文章は、深く、正しく理解をするために頭の中でスラスラと読み上げているはずです。それを繰り返すことで納得しますよね。子どもが声に出して文章を音読することは、まさにその理解の過程を踏んでいるのです。身についた読解力は**学力全体の向上に役立つだけでなく、日々何かを理解して生きていく必要のある人生で大いに役立つ**ことでしょう。

語彙力と読解力は伸ばし合っていく

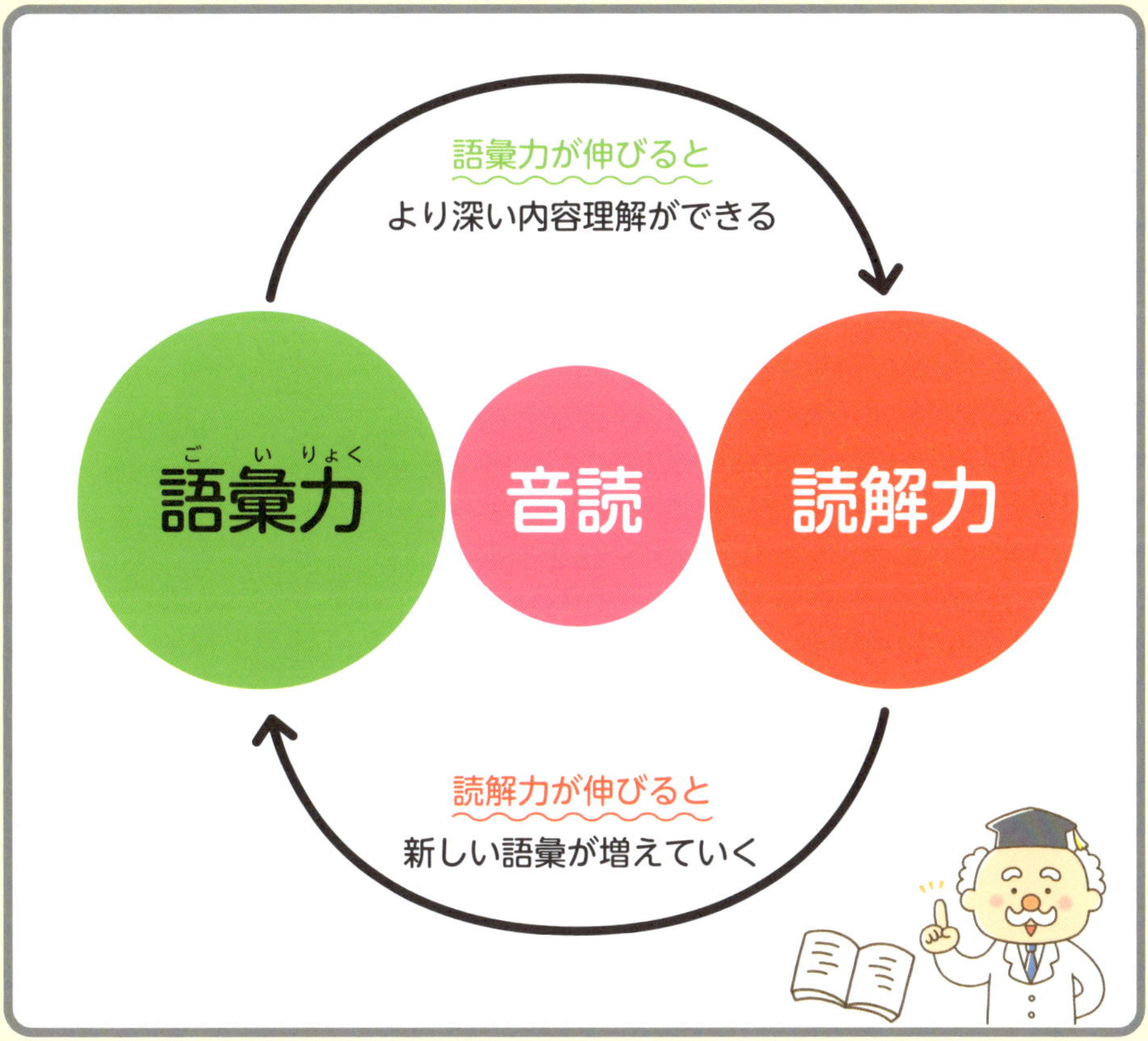

音読をすることで伸びる 2 つの力、語彙力と読解力はお互いに影響を与え合っています。語彙力が伸びるとより深い内容理解に繋がり読解力が高まります。読解力が伸びると知らない語彙があるような難易度の高い文章にも挑戦でき、結果的に語彙力が豊かになります。音読は語彙力と読解力を相互に向上し合う好循環を作り出してくれるのです。

小学校の「音読」が楽しくなる

小学校の国語の授業では必ず「音読」をします。音読によって身につく力は、学力の基礎となる力であるからでしょう。

しかし、「読むのがはずかしい」「スムーズに読めない」「難しいからやりたくない」などといった理由で音読に対して後ろ向きになってしまうこともあるかもしれません。

本書では、子どもが興味を持つ身近なテーマについてのお話を楽しく音読することができます。さらに、繰り返し読んで「音読」そのもの自体に慣れることで、「音読」への抵抗感がなくなり、小学校の音読の授業も自信をつける場にすることができるでしょう。

もくじ

本書の使い方

本書を使った音読の流れを紹介します。音読は続けることで着実に効果が出るものです。長く続けられるように、どの段階も、楽しみながら取り組むようにしてみましょう。

Step 1 気になるお話を選ぼう！

お話のテーマは大きく分けて、「言葉遊び・文法・表現・お話」の４つがあります。
お話のテーマやタイトルを見て、読んでみたいお話を決めます。
文章の量などから決めてもよいでしょう。

保護者の方へ

子どもがなかなか興味を示さない場合や読むお話を決められない場合は、保護者が本を持って音読を始めてみてもよいでしょう。興味を示したら、まずは一緒に読んだり、１行ずつ交代で読んでみたりして、少しずつ子どもが自分で読む量を増やしていきます。

Step 2 音読してみよう！

読んでみたいお話が決まったら、まずは普通に、声に出して読んでみましょう。小さな声でも、つまずきながらでも大丈夫です。まずは、やってみることが大切です。

保護者の方へ

最初は音読をしたことを認め、言葉にして伝えましょう。「音読できたね！すごい！」と伝えることで、子どもが「また読みたい」と思う気持ちを育みます。読んでいるときによかったところを具体的に伝えるのもよいでしょう。楽しいと感じたことや感想を聞いたり、子どもが気に入った言葉やフレーズを一緒に声に出したりして楽しくコミュニケーションをとることもおすすめです。

Step 3

コラムを読んでみよう!

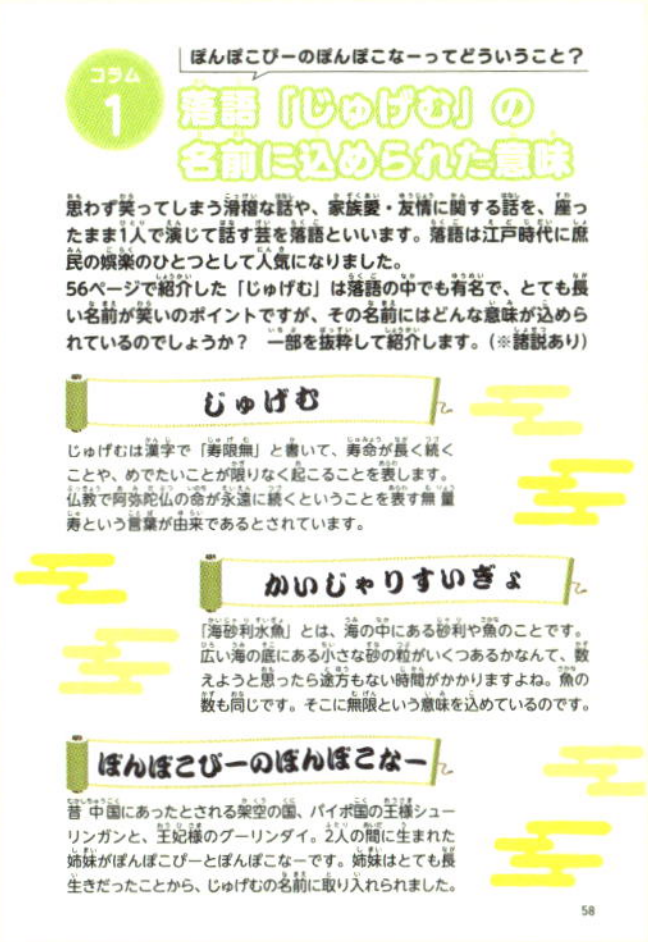

ぽんぽこぴーのぽんぽこなーってどういうこと?

コラム 1

落語「じゅげむ」の名前に込められた意味

思わず笑ってしまう滑稽な話や、家族愛・友情に関する話を、座ったまま1人で演じて話す芸を落語といいます。落語は江戸時代に庶民の娯楽のひとつとして人気になりました。
56ページで紹介した「じゅげむ」は落語の中でも有名で、とても長い名前が笑いのポイントですが、その名前にはどんな意味が込められているのでしょうか? 一部を抜粋して紹介します。(※諸説あり)

じゅげむ

じゅげむは漢字で「寿限無《じゅげむ》」と書いて、寿命が長く続くことや、めでたいことが限りなく起こることを表します。仏教で阿弥陀仏の命が永遠に続くということを表す無量寿という言葉が由来であるとされています。

かいじゃりすいぎょ

「海砂利水魚《かいじゃりすいぎょ》」とは、海の中にある砂利や魚のことです。広い海の底にある小さな砂の粒がいくつあるかなんて、数えようと思ったら途方もない時間がかかりますよね。魚の数も同じです。そこに無限という意味を込めているのです。

ぽんぽこぴーのぽんぽこなー

昔 中国にあったとされる架空の国、パイポ国の王様シューリンガンと、王妃様のグーリンダイ。2人の間に生まれた姉妹がぽんぽこぴーとぽんぽこなーです。姉妹はとても長生きだったことから、じゅげむの名前に取り入れられました。

58

本書には、お話の合間に 11 このコラムが登場します。コラムではお話のテーマに関連したクイズや、より深い内容の解説を取り扱っています。親子で一緒にコミュニケーションを取りながら読みましょう。解説を読むことで、音読したお話に対する理解度がより深まり、語彙力・読解力の向上に繋がります。

保護者の方へ

読み聞かせをしてあげるだけでも OK。子どもと会話をしながら、コラムの内容をお話しすることによって、子どもがひとりで音読をするだけで終わらせるよりも理解度が深まり、語彙力・読解力向上に繋がります。逆に「教えて!教えて!」と親が子どもに解説してもらってもよいでしょう。

番外編

いろいろな音読をしてみよう!

スラスラ読むだけではなく、いろいろな方法で読むことも楽しめます。ここでは4種類の読み方を紹介します。このほかにも、子どもが自由に読んだときはその読み方を尊重するようにしましょう。

クオリティの高さを目指す

かんぺき読み

途中でつまずいたり、読みを間違えたりせずに、どこまで読めるかに挑戦します。

記憶を鍛える

暗記読み

文章を目で追わずに、頭の中に暗記して声に出します。どこまで暗記できるか挑戦します。

滑舌《かつぜつ》がよくなる

アナウンサー読み

早口ことばを練習するように、はっきりと、なるべく速く読みます。

声がよくなる

お経読み

姿勢を正し、お腹から声を出して、お経を読むように、文の切れ目を延ばしながら読みます。

保護者の方へ

負けず嫌いな子どもには、時間を決めて何行読めたかを記録しモチベーションにする、飽きっぽい子どもには、1つのお話のクオリティにはこだわらず、どんどん新しいお話を読むなど、子どもの特性に合わせて本書を活用してください。

本書の内容

第1章　たのしい ことば

日本語の発音に親しみ、言葉遊びを通じて言語感覚を養います。

おと

擬音語を紹介するお話です。音の違いを楽しみ、声や表情で表現してみましょう。

ようす

擬態語を紹介するお話です。イメージを膨らませながら音読します。

あそび

早口言葉やしりとり、ダジャレなど声に出すとより楽しめるいろいろな言葉遊びを集めました。

あんき

長い言葉を紹介しています。どこまで覚えられるか挑戦してみましょう。

第2章　ことばの ふしぎ

日本語の文法に関連するお話から、正しい日本語を身につけます。

ぶんぽう

類義語や対義語など、様々な意味を持つ言葉のニュアンスを学びます。なぞかけやたとえ言葉にも挑戦してみて。

ほうげん

日本各地の方言を知り、地域によって変わる表現から日本語の多様性を感じましょう。

かぞえかた

大人でもつまづきやすい、ものの正しい数え方を紹介します。

がいらいご

外国から来て、日本に定着している言葉があることを学びます。

第3章　ひろがる ことば

普段のコミュニケーションで使われる多様な表現を紹介します。

あいさつ

コミュニケーションの基本、挨拶に関するお話です。

こえかけ

友達や家族と関わる中でよく使う声かけを紹介します。

はいく

有名な俳句の意味を知り、古くから育まれてきた言葉での表現に触れます。

ことわざ

有名なことわざの意味や由来を知り、語彙の引き出しを増やします。

かんようく

想像すると面白い慣用句を紹介し、言葉への興味を引き出します。

よじじゅくご

4文字の漢字に深い意味が詰まっていることを知ります。

かんじ

小学校の導入として、漢字がどんなものなのかを知ります。

がいこくご

日本語にとどまらず外国語への興味も育みます。

第4章　ぶんかの おはなし

日本や世界の文化に関するお話から、豊かな語彙を身につけます。

めいぶん

名文とされる日本の有名作品に触れ、美しい文章への感性を育みます。

ぎょうじ

季節の行事についてのお話です。日本文化の背景や意味を知り、親しみます。

ようかいでんせつ

子どもが大好きな妖怪やモンスターについてのお話から、日本や世界の文化に触れます。

本書の工夫

音読ページ

本書はどんな子どもでも効果的に音読を楽しめるよう、さまざまな工夫を誌面に散りばめています。

文章のすきま

読みやすいように、文章のかたまりごとにすきまを入れています。

行番号

各行の文頭に、1行ごとに数字（行番号）が振ってあります。

スピードチャレンジ

30秒間で何行読めたかなど、時間を決めて時間内に何番まで読めたかを記録するのもおすすめです。

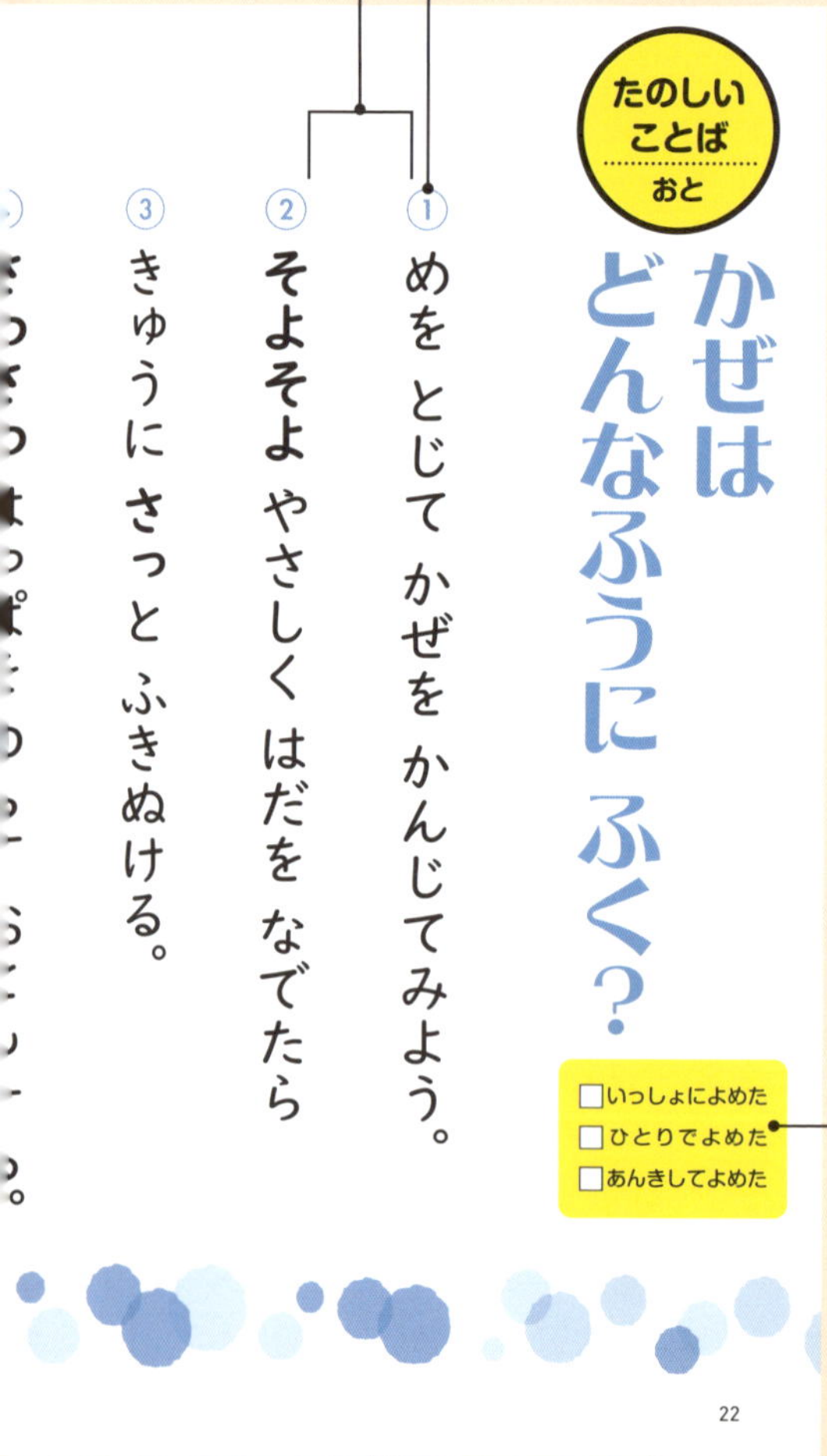
たのしいことば
おと

かぜは どんなふうに ふく？

① めを とじて かぜを かんじてみよう。
② そよそよ やさしく はだを なでたら
③ きゅうに さっと ふきぬける。

□いっしょによめた
□ひとりでよめた
□あんきしてよめた

22

読み方の難易度

まずは「ひとりでよめた」を目標に、子どもに合わせた難易度からスタート！読み終わったらチェックを入れましょう。

☑いっしょによめた

子どもがひとりで読むことが難しいとき、ある程度のかたまりごとに保護者のあとに続いて読む「追読」という方法があります。初めは細かく区切り、だんだんと区切りを長くしていきます。

☑ひとりでよめた

「追読」が簡単にできるようになったら子どもひとりで音読してみます。行数を記録したり、読み方を変えてみたり、子どもなりの成長を感じ取りましょう。

☑あんきしてよめた

何度も読んでいると文章自体を暗記して読めるようになってきます。少し難易度の高い音読ですが、理解した内容が記憶に定着することで、「国語」の知識も身につけることができます。

ひらがなと読点

未就学児や漢字が苦手な子どもなど、どんな子でも読みやすいよう、ひらがなを表記のベースにしています（漢字に関連したお話では、一部漢字表記もあります）。文字だけに集中できるように、読点は入れていません。

文字の大きさ

お話によって文字の大きさが異なります。読みやすい大きさのお話からスタートしてもよいでしょう。周囲より大きくしてある文字は大きな声で読んでみましょう。

フォント

小学校入学時に移行しやすいよう、教科書に近いフォントを使っています。

分かち書き

ひらがな表記のため、文節ごとにスペースを入れて読みやすくしています。

イラスト

イラストのせいで集中ができない場合、隠せるようにまとめて配置しています。文章だけに集中してほしいときは、イラスト部分を隠し、誌面の音読環境を整えてあげましょう。

デザイン

音読に集中できるよう、文字を邪魔しない、シンプルなデザインにしています。

たのしいことば｜おと

⑤ ざわざわ だんだん つよくなっていく。

⑥ ごおごお あらしが

⑦ やってきたみたいだ！

⑧ びゅうびゅう ごおごお！

⑨ ごおごお びゅうーん！

23

本書の工夫

コラムページ

感想ページ

コラムページ

音読のお話に関連する内容についてクイズにしたり、より深い解説をしたりしています。子どもと一緒にクイズを解いたり、親が子に読み聞かせをしたりして親子のコミュニケーションに役立ててください。

コラム 4

人間《にんげん》と似《に》た見《み》た目《め》をしているけど

神様《かみさま》は「1人《ひとり》」とは数《かぞ》えない!?

日本《にほん》では昔《むかし》から神様《かみさま》を1人《ひとり》、2人《ふたり》という呼《よ》び方《かた》ではなく、ひと柱《はしら》ふた柱《はしら》と数《かぞ》えます。なぜ柱《はしら》で数《かぞ》えるのかというと、日本《にほん》では神様《かみさま》は木《き》に宿《やど》っていると考《かんが》えられていたから、という説《せつ》があります。また柱《はしら》は建物《たてもの》の中心《ちゅうしん》にあって、家全体《いえぜんたい》を支《ささ》える重要《じゅうよう》な役割《やくわり》を持《も》っていることから、人間《にんげん》の心《こころ》の支《ささ》えとなる神様《かみさま》の姿《すがた》を重《かさ》ねたという説《せつ》もあります。

神様《かみさま》は人《ひと》のような見《み》た目《め》をしているけれど特別《とくべつ》な存在《そんざい》だということが数《かぞ》え方《かた》でもわかりますね。

93

ふりがな

漢字にはすべてふりがなを入れています。このページを音読してもOKです。子どもが興味を持って内容や言葉の意味を質問してきたら、一緒に調べましょう。語彙力向上のチャンスです。

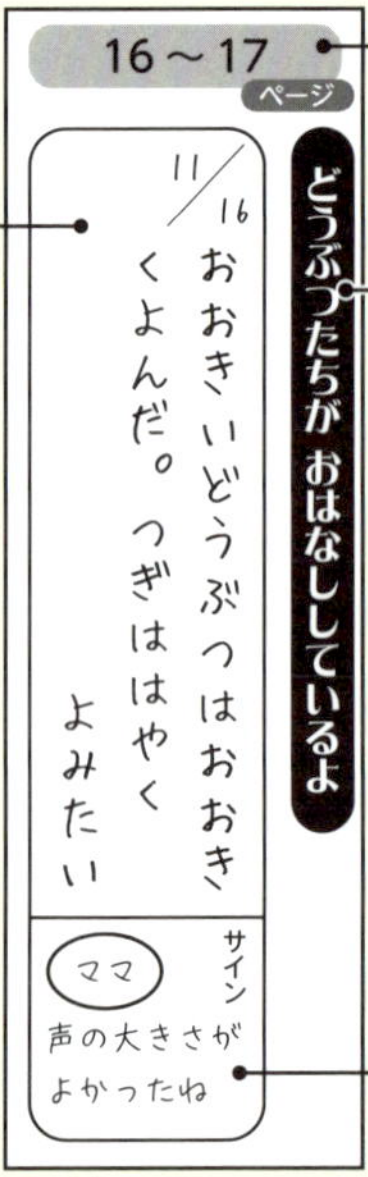

ページ数

お話のタイトル

メモ

お話を読んで考えたことや感じたこと、音読をした日付、時間を決めて何行読めたかなどを記録してみましょう。記録をすることで、次に読むときの目標にもなります。

サイン

保護者の方がサインをする場所です。頑張りを認められることで、子どもの自己肯定感が上がり、「認められた経験」の蓄積になります。

感想ページ

音読をするたびに記録することで、子どもが頑張った履歴を目で見える形で積み重ねられるページです。子どもが見返したときに、「こんなに頑張った!」と自分を認めてあげられるきっかけのひとつになります。

第1章 たのしい ことば

にほんごの おと そのものや ことばを つかった あそびを たのしむ おはなし。もじの おおきさが かわっている ぶぶんは こえの おおきさや ちょうしも かえて よんでみると おもしろいよ。「はやくちことば」や「ダジャレ」「しりとり」なども じょうずに よむことが できるかな？

たのしいことば
おと

どうぶつたちがおはなししているよ

①イヌは　ワンワン

②ネコは　ニャアニャア

③ブタは　ブウブウ

□いっしょによめた
□ひとりでよめた
□あんきしてよめた

④ウシは モーモー

⑤ウマは ヒヒーン

⑥ライオンは

⑦ガオーッ

たのしい
ことば
おと

とりたちがおはなししているよ

①カラスは カアカア

②ニワトリは

③コケコッコー

④アヒルは グワッグワッ

□いっしょによめた
□ひとりでよめた
□あんきしてよめた

⑤ ヒヨコは ピヨピヨ

⑥ スズメは チュンチュン

⑦ ウミネコは

⑧ ミャーオ ミャーオ

たのしいことば
おと

あめは どんなふうに ふる？

□いっしょによめた
□ひとりでよめた
□あんきしてよめた

①あめが ふりはじめたみたい。

②ポタッ ポタッ ポタ ポタポタポタ

③ぽつっ ぽつっ ぽつ ぽつぽつ

④あれ？ しとしと こさめに なってきた。

⑤ サーサー　こさめが　つづいている。

⑥ おっと！　あめが

⑦ つよくなってきた！

⑧ ザアザア！

⑨ バラバラ！

たのしいことば
おと

かぜは どんなふうに ふく？

□いっしょによめた
□ひとりでよめた
□あんきしてよめた

①
めを とじて かぜを かんじてみよう。

②
そよそよ やさしく はだを なでたら

③
きゅうに さっと ふきぬける。

④
さわさわ はっぱを ゆらす おとも する。

⑤ ざわざわ だんだん つよくなっていく。

⑥ ごおごお あらしが

⑦ やってきたみたいだ！

⑧ びゅうびゅう ごおごお！

⑨ ごおごお びゅうーん！

たのしい
ことば
おと

てんてんまるの となえーうた

①さるが ざるを もって あそんでいる。

②フグが ふくを きているよ。

③ははの パパは おじいちゃん。

④たんぽぽ つんで ほほに あてる。

□いっしょによめた
□ひとりでよめた
□あんきしてよめた

⑤ にんにん にんじゃに へんしんだ。

⑥ ともだちを さがして うろうろ きょろきょろ。

⑦ ごこの りんごで かぞくごっこ。

⑧ クイズに せいかい ピンポン ピンポーン！

⑨ チャイムが なったよ キンコン カンコーン。

たのしい
ことば
ようす

いろいろな わらいかた

① どんな かおを して いるかな?
② ニコニコ
③ うれしそうな かんじが する。
④ にんまり
⑤ いたずらが うまく いった とき。
⑥ ニヤニヤ
⑦ わるふざけを たくらんで いる。

□いっしょによめた
□ひとりでよめた
□あんきしてよめた

⑧ ヘラヘラ
⑨ ちょっと かるがるしい わらいかた。
⑩ にたにた
⑪ なんだか きみが わるい かんじ。
⑫ にこり
⑬ くちの りょうはしを きゅっと あげる。
⑭ くすくす
⑮ おかしいことを こっそり わらう。

たのしい ことば

ようす

どんなうごきをしているかな？

① よみながら うごきを やってみよう。

② **きびきび**

③ のんびりせずに げんきに うごく。

④ **すたすた**

⑤ はやあしで あるいていく ようす。

⑥ **ずんずん**

⑦ おおまたで あるいていく ようす。

□いっしょによめた
□ひとりでよめた
□あんきしてよめた

⑧ **よろよろ**

⑨ つかれて あしが ふらついている。

⑩ **うろちょろ**

⑪ あっちに いったり こっちに きたり。

⑫ **よたよた**

⑬ あるくことに なれていない あかちゃん。

⑭ **とことこ**

⑮ ポニーが かろやかに はしるよ。

たのしいことば
ようす

もののようすを つたえる ことば

① そうぞうしながら よんでみよう。

② ぷにぷに あかちゃんの ほっぺた。

③ ベトベト おなべに ついた あぶら。

④ ざらざら くだものの なし。

□いっしょによめた
□ひとりでよめた
□あんきしてよめた

⑤ツルツル　びょういんの　ゆか。

⑥ごつごつ　おおきな　いわ。

⑦ちくちく　のびてきた　あごひげ。

⑧ガサガサ　プレゼントの　つつみがみ。

⑨ふわふわ　ひつじさんの　からだ。

たのしい
ことば
ようす

いろいろな ものが ひかって いるよ

①
なにが ひかって いるのかな？

②
さんさん あかるい たいよう。

③
こうこう よるに かがやく つき。

□いっしょによめた
□ひとりでよめた
□あんきしてよめた

④ ぴかぴか まぶしい きんメダル。

⑤ ギラギラ ひかる まなつの たいよう。

⑥ ちかちか あおしんごうが てんめつする。

⑦ キラキラ かがやく ほうせき。

⑧ てかてか おおあせを かいた あとの かお。

たのしい
ことば
あそび

わたしは だれでしょう①

①わたしは きせつによって
②おようふくを きがえます。
③ふゆは ちゃいろで
④はるは ピンク。
⑤なつは みどりで
⑥あきは あか。

□いっしょによめた
□ひとりでよめた
□あんきしてよめた

⑦ はるの わたしは だいにんき。
⑧ たくさんの ひとが わたしを みるために
⑨ あつまります。
⑩ わたしは そとに いて うごくことは できません。
⑪ わたしは ゆっくり じかんをかけて
⑫ おおきくなります。
⑬ さて わたしは だれでしょう？

※こたえは205ページ

たのしいことば
あそび

わたしはだれでしょう②

①わたしは　ひとつの　はこの　なかで
②たくさんの　なかまと　くらしています。
③はこが　あくと　にんげんの　てが　やってきて
④わたしや　なかまが　じゅんばんに
⑤とりだされます。

□いっしょによめた
□ひとりでよめた
□あんきしてよめた

⑥ とりだされると にぎられて
⑦ しろい かみの うえを
⑧ いったり きたり すべります。
⑨ すると ふしぎ。
⑩ しろかった かみが いろとりどりの
⑪ カラフルな かみに かわります。
⑫ さて わたしは だれでしょう？

※こたえは205ページ

たのしいことば
はやくちことば

はやくちことば いえるかな

①つっかからずに いえるかな？

②レモンも メロンも ぺろりと たべた。

③バナナの なぞは まだ なぞなのだぞ。

□いっしょによめた
□ひとりでよめた
□あんきしてよめた

④
にゃんこ こにゃんこ まごにゃんこ。

⑤
あかカピバラ あおカピバラ きカピバラ。

⑥
ブラジルじんの ミラクルビラくばり。

たのしい
ことば
はやくち
ことば

なが〜〜〜い はやくちことば

①ながい　はやくちことばにも　ちょうせんしてみよう。

②カモシカも　シカも　シカの　なかまだ

③しかし　アシカは　シカでは　ない。

④ラバか　ロバか　わからないので

⑤ラバと　ロバを　くらべたら

⑥ロバか　ラバか　わからなかった。

□いっしょによめた
□ひとりでよめた
□あんきしてよめた

⑦ ブタが ブタを ぶったら ぶたれた

⑧ ブタが ぶった ブタを ぶったので

⑨ ぶった ブタと ぶたれた ブタが

⑩ ぶったおれた。

⑪ ヨボヨボびょう よぼうびょういん

⑫ よぼうびょうしつ ヨボヨボびょう

⑬ よぼうほう。

たのしい ことば あそび

なにが いいたいか わかったら てんさい！

①たかいてんずしに いって おなたかいっぱたい
②おすたしを たくちに いたれよう。
③そうすると たからだが ほとんど
④おさたかなに なっちゃうかな。
⑤もした ほとんど おさたかなに たなるなら
⑥みたなみの たしままで およいでたいくたんだ。

□いっしょによめた
□ひとりでよめた
□あんきしてよめた

⑦みたなみの しまたに たつたいて

⑧たきから おちて うみに ぷかぷか うかぶ

⑨タコタコナッツの たみを たかじってたみよう。

⑩やわたらかたくはない タコタコナッツの たからを

⑪あたきらめたずに かじたりつづけて あなたを あけて

⑫あたまくたて おいたしたい タコタコナッツジュースを

⑬たごくたごくた たのみたほす。

⑭それじゃあ 2かいめは

⑮「た」を ぬいて よんでみよう。

たのしい
ことば
しりとり

しりとりの ルール

①しりとりって したことある？
②しりとりの しりは おしりの しり。
③まえの ひとが いった ことばの
④さいごの もじを とって
⑤その もじで はじまる べつの ことばを
⑥つなげて いくから

□いっしょによめた
□ひとりでよめた
□あんきしてよめた

⑦「(お) しり とり」って いうんだ。

⑧しりとりでは さいごの もじが「ん」になる

⑨ことばを いったら まけだよ。

⑩それじゃあ「おしり」から はじめて

⑪しりとりを やってみよう。

⑫どこまで つづけられるかな?

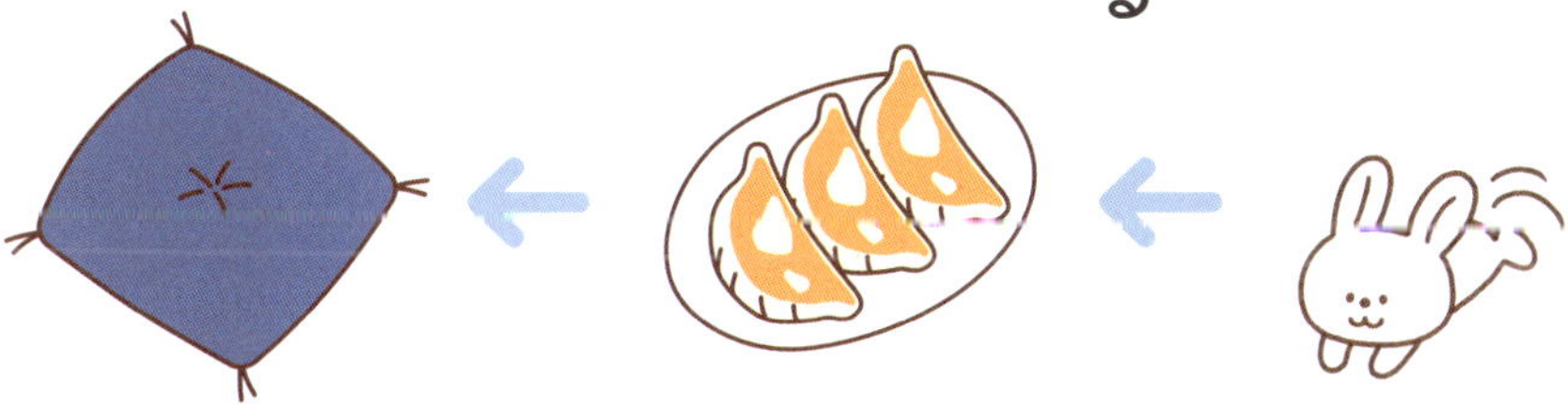

たのしい ことば
かいぶん

かいぶんで あそぼう

① うえから よんでも したから よんでも おなじに なる

② ことばや ぶんしょうを「かいぶん」と いうよ。

③ トマト

④ スイス

⑤ こねこ

⑥ キツツキ

□いっしょによめた
□ひとりでよめた
□あんきしてよめた

⑦ しんぶんし

⑧ たまに ガニまた

⑨ るすに なにする？

⑩ イカ たべたかい？

⑪ よる すきやき するよ

⑫ かんけいない ケンカ

⑬ ほかには どんな かいぶんが あるかな？

⑭ じぶんでも かんがえてみよう！

たのしい
ことば
ダジャレ

いみが わかるように よめるかな？

①ダジャレを しって いるかな？

②**アルミカン**の うえに **ある ミカン**。

③ひとつの ぶんしょうの なかに

④おなじ ことばを いれて

⑤いみが わかるように つくるよ。

□いっしょによめた
□ひとりでよめた
□あんきしてよめた

⑥
ねこが　ねころんだ。

⑦
よるに　コンビニに　よる。

⑧
ようかいが「なにか　ようかい？」。

⑨
この　とりにくは　とりにくい。

たのしいことば
ダジャレ

ゆかいな ダジャレ

① こんな ダジャレも あるよ。

② **アヒル**が ねぼうして **あっ ひる**だ。

③ おおぐいは **サイ**に まかせな**さい**。

④ とお**り**すがりの **リス**。

□いっしょによめた
□ひとりでよめた
□あんきしてよめた

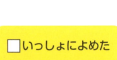

⑤ なくなった ミカンが みっかんない

⑥ エビの けつえきがたは AB《エービー》がた。

⑦ ポテトが ポテっと おちた。

⑧ やきにくい やきにくを

⑨ ウマと うまいと いいながら たべる。

⑩ みんなも ダジャレを つくってみよう！

たのしい
ことば
あんき

いちばん ながい なまえの しゅと

①バンコクは タイと いう くにの しゅと。

②でも ほんとうの なまえは もっと ながいんだよ。

③むかしの おうさまが バンコクに ついて よんだ

④しを そのまま なまえに したんだ。

⑤バンコクが へいわで うつくしい まちに

⑥なりますようにと いう いのりが こめられて いるよ。

□いっしょによめた
□ひとりでよめた
□あんきしてよめた

⑦ クルンテープ・マハナコーン・

⑧ アモーンラッタナコーシン・マヒンタラーユッタヤー・

⑨ マハーディロック・ポップ・

⑩ ノッパラット・ラーチャタニーブリーロム・

⑪ ウドムラーチャニウェートマハーサターン・

⑫ アモーンピマーン・アワターンサティット・

⑬ サッカタッティヤウィサヌカムプラシット

たのしい
ことば
あんき

ピカソの ほんとうの なまえ

①ピカソは スペインと いう くにの しゅっしんで
②とても ゆうめいな がかとして しられているよ。
③いきている あいだに ほんとうに たくさんの
④さくひんを つくった ひとなんだ。
⑤ピカソの ほんとうの なまえは すごく ながいんだよ。
⑥さいごまで おぼえられるかな？

□いっしょによめた
□ひとりでよめた
□あんきしてよめた

⑦パブロ・ディエゴ・ホセ・
⑧フランシスコ・デ・パウラ・
⑨ホワン・ネポムセーノ・
⑩マリーア・デ・ロス・レメディオス・
⑪クリスピアーノ・
⑫デ・ラ・サンティシマ・トリニダード・
⑬ルイス・ピカソ

たのしい
ことば
あんき

じゅげむ

①じゅげむは らくごという おはなしの ひとつだよ。
②おとうさんが こどもに いい なまえを つけたくて
③なやんだ すえに えんぎの よい ことばを ならべた
④なが――い なまえを つけてしまうんだ。
⑤**じゅげむ じゅげむ ごこうの すりきれ**

□いっしょによめた
□ひとりでよめた
□あんきしてよめた

⑥ かいじゃりすいぎょの

⑦ すいぎょうまつ うんらいまつ ふうらいまつ

⑧ くうねるところに すむところ

⑨ やぶらこうじの ぶらこうじ

⑩ パイポ パイポ パイポの シューリンガン

⑪ シューリンガンの グーリンダイ

⑫ グーリンダイの ぽんぽこぴーの ぽんぽこなーの

⑬ ちょうきゅうめいの ちょうすけ

ぽんぽこぴーのぽんぽこなーってどういうこと？

コラム 1

落語《らくご》「じゅげむ」の名前《なまえ》に込《こ》められた意味《いみ》

思《おも》わず笑《わら》ってしまう滑稽《こっけい》な話《はなし》や、家族愛《かぞくあい》・友情《ゆうじょう》に関《かん》する話《はなし》を、座《すわ》ったまま1人《ひとり》で演《えん》じて話《はな》す芸《げい》を落語《らくご》といいます。落語《らくご》は江戸時代《えどじだい》に庶《しょ》民《みん》の娯楽《ごらく》のひとつとして人気《にんき》になりました。
56ページで紹介《しょうかい》した「じゅげむ」は落語《らくご》の中《なか》でも有名《ゆうめい》で、とても長《なが》い名前《なまえ》が笑《わら》いのポイントですが、その名前《なまえ》にはどんな意味《いみ》が込《こ》められているのでしょうか？　一部《いちぶ》を抜粋《ばっすい》して紹介《しょうかい》します。（※諸説《しょせつ》あり）

じゅげむ

じゅげむは漢字《かんじ》で「寿限無《じゅげむ》」と書《か》いて、寿命《じゅみょう》が長《なが》く続《つづ》くことや、めでたいことが限《かぎ》りなく起《お》こることを表《あらわ》します。仏教《ぶっきょう》で阿弥陀仏《あみだぶつ》の命《いのち》が永遠《えいえん》に続《つづ》くということを表《あらわ》す無量《むりょう》寿《じゅ》という言葉《ことば》が由来《ゆらい》であるとされています。

かいじゃりすいぎょ

「海砂利水魚《かいじゃりすいぎょ》」とは、海《うみ》の中《なか》にある砂利《じゃり》や魚《さかな》のことです。広《ひろ》い海《うみ》の底《そこ》にある小《ちい》さな砂《すな》の粒《つぶ》がいくつあるかなんて、数《かぞ》えようと思《おも》ったら途方《とほう》もない時間《じかん》がかかりますよね。魚《さかな》の数《かず》も同《おな》じです。そこに無限《むげん》という意味《いみ》を込《こ》めているのです。

ぽんぽこぴーのぽんぽこなー

昔《むかし》 中国《ちゅうごく》にあったとされる架空《かくう》の国《くに》、パイポ国《こく》の王様《おうさま》シューリンガンと、王妃様《おうひさま》のグーリンダイ。2人《ふたり》の間《あいだ》に生《う》まれた姉妹《しまい》がぽんぽこぴーとぽんぽこなーです。姉妹《しまい》はとても長《なが》生《い》きだったことから、じゅげむの名前《なまえ》に取《と》り入《い》れられました。

第2章 ことばの ふしぎ

にているけれど すこし ちがう ことばや はんたいの いみを もつ ことば。 ことばの いみや ちがいに ちゅうもくした おはなしだよ。「ほうげん」では おなじ にほんなのに じぶんの すんでいる ばしょとは ぜんぜん ちがう ことばや いいかたが あることを たのしんでみよう。

ことばのふしぎ

るいぎご

にているけれど すこし ちがう

① 「ももが どっさり ある」

② 「みずが たっぷり ある」

③ 「どっさり」も 「たっぷり」も

④ たくさん ある ようすを

⑤ あらわす ことばだね。

□いっしょによめた
□ひとりでよめた
□あんきしてよめた

⑥でも
⑦「ももが たっぷり ある」
⑧「みずが どっさり ある」
⑨という いいかたは すこし へんな かんじが する。

⑩たくさん ある ようすを あらわす ことばでも
⑪「どっさり」は かたちが あるものに つかって
⑫「たっぷり」は みずや スープなど かたちが
⑬はっきりと きまっていないものに つかうんだ。

ことばの
ふしぎ
たいぎご

はんたいの ことばは なんだろう

□いっしょによめた
□ひとりでよめた
□あんきしてよめた

①「たかい」のはんたいの ことばって なんだろう？

②「たかい やま」の はんたいは「ひくい やま」。

③だから「たかい」の はんたいは「ひくい」だね。

④ でも ねだんが

⑤ **「たかい おかし」**の はんたいは なんだろう？

⑥ **「やすい おかし」**だ。

⑦ おなじ たかさを あらわす ことばでも

⑧ たかさが たかいのか

⑨ ねだんが たかいのかによって

⑩ はんたいの ことばも かわるんだ。

ことばのふしぎ
ぶんぽう

「ら」ぬきことば

①「やさいを たべれる」と「やさいを たべられる」

②「たべれる」は「ら」が ぬけている。

③どちらでも いみは つたわるけど「たべれる」は

④ただしい にほんごでは ないんだ。

⑤これを「ら」ぬきことばって いうよ。

⑥なにかが できる という いみで

□いっしょによめた
□ひとりでよめた
□あんきしてよめた

⑦「られる」を　つかうときには

⑧「ら」を　ぬいて「れる」だけに　ならないように

⑨きを　つけよう。

⑩「テレビを　みれる」は　まちがいで

⑪「テレビを　みられる」が　ただしい。

⑫「がっこうに　これる」は　まちがいで

⑬「がっこうに　こられる」が　ただしい。

⑭でも わかい ひとの なかでは
⑮「ら」ぬきことばを ただしい にほんごだと おもって
⑯つかう ひとが ふえて いるそうだよ。
⑰ただしい つかいかたを する ひとが すくなくなったら
⑱まちがった つかいかたが ただしい
⑲つかいかたの ように なるのかな?
⑳ことばの つかわれかたは
㉑だんだんと かわって いくのかも しれないな。

正《ただ》しいのはどっち？　復習《ふくしゅう》してみよう！

コラム2 ら抜《ぬ》き言葉《ことば》・対義語《たいぎご》クイズ

ら抜《ぬ》き言葉《ことば》と反対言葉《はんたいことば》を見《み》つけるクイズだよ。お話《はなし》で理解《りかい》したことを確認《かくにん》してみよう！

もんだい❶ 正《ただ》しい使《つか》われ方《かた》をしている文章《ぶんしょう》の方《ほう》に丸《まる》をつけよう。

明日《あした》は 外《そと》に 出《で》かけれる？

Ⓐ □

明日《あした》は 外《そと》に 出《で》かけられる？

Ⓑ □

かいせつ

「ら」が抜《ぬ》けている方《ほう》が正《ただ》しくない言葉《ことば》だった。ということは、正《ただ》しいのは「出《で》かけられる」の方《ほう》で、間違《まちが》いは「出《で》かけれる」だね。

もんだい❷ 反対《はんたい》の言葉《ことば》同士《どうし》を線《せん》でつなごう。

あかるい・	・ほそい
あたらしい・	・よわい
つよい・	・ふるい
ふとい・	・くらい

かいせつ

明《あか》るいの反対《はんたい》は暗《くら》い、新《あたら》しいの反対《はんたい》は古《ふる》い、強《つよ》いの反対《はんたい》は弱《よわ》い、太《ふと》いの反対《はんたい》は細《ほそ》い。全部正解《ぜんぶせいかい》できたかな？

ことばの
ふしぎ
ぶんぽう

みためは　おなじでも　ちがう　ことば①

□いっしょによめた
□ひとりでよめた
□あんきしてよめた

①「かき」と「かき」。
②おなじように　みえるけど　よみかたを　かえれば
③ちがうものを　さす。
④くだものの　かきは「かき」。
⑤うみで　とれる　かきは「かき」。
⑥ちがう　よみかたが　できたかな？

⑦「かみ」と「かみ」と「かみ」。

⑧3つ《みっつ》ちがうものが おもいうかぶかな？

⑨かみのけの「かみ」

⑩かみさまの「かみ」

⑪ノートの「かみ」

⑫ぜんぶ ちがう かみ なのに もじは おなじなんだ。

⑬かんじを よめるように なったら かんたんに

⑭みわけることが できるようになるよ。

ことばのふしぎ
ぶんぽう

みためは おなじでも ちがう ことば②

□いっしょによめた
□ひとりでよめた
□あんきしてよめた

① ものだけではなくて
② うごきを あらわす ことばにも
③ いくつも いみを もつ ものが ある。
④ たとえば 「かける」という ことば。
⑤ 「とんかつに ソースを かける」

⑥「メガネを かける」

⑦「かべに えを かける」

⑧どれも ぜんぜん ちがう うごきだけど

⑨おなじ「かける」を つかって

⑩あらわすことが できるんだね。

ことばのふしぎ
なぞかけ

なぞかけの しゅぎょうを しよう

□いっしょによめた
□ひとりでよめた
□あんきしてよめた

① たいふうと かけて ものもらいと とく。

② その こころは?

③ どちらも めが はれて いるでしょう。

④ こんな クイズを「なぞかけ」と いうよ。

⑤ たいふうは つよい あめや かぜを おこすけど

⑥ まんなかの めと いわれる ばしょは「晴《は》れている」。

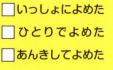

⑦ ものもらいは めが

⑧ 「腫《は》れている」ことだ。

⑨ たいふうと ものもらい

⑩ どちらにも あてはまる

⑪ ちがう いみの ことばを

⑫ かんがえて いるんだ。

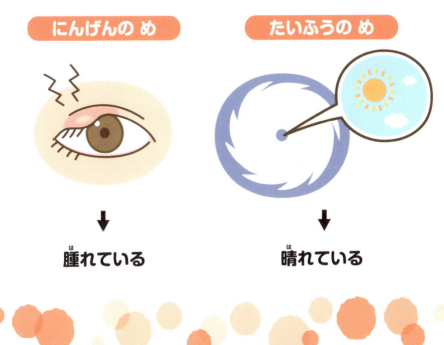

たいふうの め

↓

晴《は》れている

にんげんの め

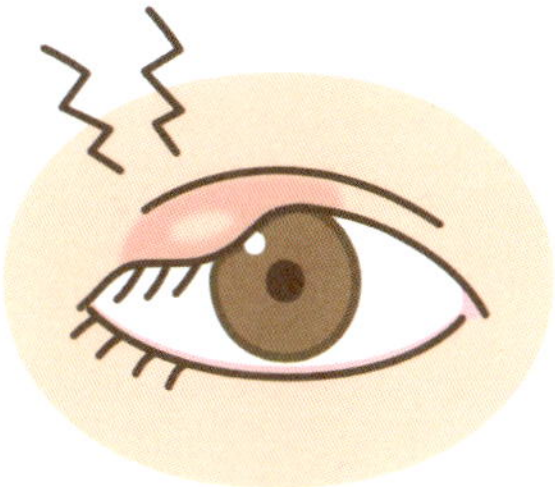

↓

腫《は》れている

ことばの
ふしぎ

なぞかけ

なぞかけマスターになれるかな？

□いっしょによめた
□ひとりでよめた
□あんきしてよめた

① つぎの　なぞかけを　といてみよう。

② アイスクリームと　かけて

③ かんたんな　なぞなぞと　とく。

④ その　こころは？

⑤ どちらも **すぐに とける**でしょう。

⑥ あつさで とけてしまう アイスクリーム。

⑦ その「**溶《と》ける**」と

⑧ なぞなぞを とくの

⑨ 「**解《と》ける**」を つかって

⑩ つくった なぞかけだね。

⑪ みんなも じぶんで なぞかけを つくってみよう。

ことばの
ふしぎ
たとえ

ようすを たべもので たとえる

□いっしょによめた
□ひとりでよめた
□あんきしてよめた

①「りんごのような ほっぺた」って きいたこと ある？

②ふゆの さむいときや うんどうを した あとの

③ほっぺたの あかさが りんごの あかさみたいだと

④あらわしているんだ。

⑤これを たとえことばと いうよ。

⑥ つるつるで きれいな はだを

⑦ **「ゆでたまごのような はだ」**と たとえたり

⑧ しれば しるほど おもしろい ひとを

⑨ **「スルメのような ひと」**と たとえたり

⑩ ほかの たべものも つかうことが できるよ。

⑪ みんなも みぢかな ものを たとえことばを つかって

⑫ あらわしてみよう。

ことばの
ふしぎ
ほうげん

とうきょうのおばあちゃんから

① さいきんは どんどん さむくなってきたけど

② げんきかな?

③ おばあちゃんは げんきだよ。

④ すこし まえ こうようを みるために

⑤ おともだちと ハイキングに でかけたよ。

⑥ こうようは あきに はっぱが

⑦ あかや きいろに かわることだね。

□いっしょによめた
□ひとりでよめた
□あんきしてよめた

⑧こうようを　みながら　おにぎりを　たべたあとは
⑨おんせんに　はいったよ。
⑩ふつうの　おんせんよりも　かなり　ひろい　おんせんで
⑪からだじゅうが　あたたまって
⑫つかれが　とれたよ。
⑬おみやげも　おくるね。
⑭あえる　ひを
⑮たのしみに　しているよ。

スカイツリーと浅草《あさくさ》の雷門《かみなりもん》

ことばのふしぎ。
ほうげん

あおもりのおばあちゃんから

① さいぎんは どんどん さむぐなってぎだが

② げんきだが?

③ ばっちゃは げんきだ。

④ すこす まえ こうよう みるだめに おけやぐと

⑤ ハイキングさ でがげだ。

⑥ こうようは あぎに はっぱが

⑦ あがや きいろに かわるごどだ。

□いっしょによめた
□ひとりでよめた
□あんきしてよめた

⑧ こうよう みながら おにぎり くったあどは

⑨ おんせんに はいった。

⑩ ふつうの おんせんよりも たげ ひろぇ おんせんで

⑪ からだじゅうが ぬぐだまって

⑫ つかぃが とれだ。

⑬ おみやげも ける。

⑭ あえる ひ

⑮ たのすみに すてら。

青森《あおもり》のねぶた

ことばの
ふしぎ
ほうげん

おおさかのおばあちゃんから

①さいきんは どんどん さむなって きたけど
②げんきでっか？
③おばあちゃんは げんきやで。
④すこし まえ こうようを みるために
⑤おともだちと ハイキングに でかけたで。
⑥こうようは あきに はっぱが
⑦あかや きいろに かわることやな。

□いっしょによめた
□ひとりでよめた
□あんきしてよめた

⑧ こうようを みながら おにぎりを たべたあとは
⑨ おんせんに はいったで。
⑩ ふつうの おんせんよりも めっちゃ ひろい おんせんで
⑪ からだじゅうが あたたまって
⑫ つかれが とれてん。
⑬ おみやげも おくるで〜。
⑭ あえる ひを
⑮ たのしみに してるで〜。

大阪《おおさか》のくいだおれ太郎《たろう》とたこ焼《や》き

ことばのふしぎ
ほうげん

ふくおかのおばあちゃんから

①しゃいきんな どんどん しゃむくなってきたが
②おげんきと?
③おばあちゃんな げんきばい。
④すこし まえ こうようば みに おともだちと
⑤ハイキングに でかけたと。
⑥こうようは あきに はっぱが
⑦あかや きいろに かわることばい。

□いっしょによめた
□ひとりでよめた
□あんきしてよめた

⑧ こうようば みながら おにぎりば たべたあとは

⑨ おんしぇんに はいったと。

⑩ ふつうん おんしぇんよりも えらい ひろか おんしぇんで

⑪ からだじゅうの あたたまって

⑫ つかれの とれたよ。

⑬ おみやげも おくるけん。

⑭ あえる ひを

⑮ たのしみに しとっけんね。

福岡《ふくおか》の太宰府天満宮《だざいふてんまんぐう》と柳川下《やながわくだ》り

ことばのふしぎ
ほうげん

おきなわのおばあちゃんから

①さいきのー　ばんない　ふぃーくなてぃちゃびたんしが

②ちゃーがんじゅーね？

③ぱーぱーや　がんじゅーどー。

④くーてーん　めー　こうよう

⑤んーじゅんでぃ　うどぅしとぅ

⑥ハイキングんかい　でぃかきやびたん。

□いっしょによめた
□ひとりでよめた
□あんきしてよめた

⑦ こうよおー　あきんかい

⑧ はっぱが　あかてぃがろー　きいるんかい

⑨ かわいるくとぅやいびーん。

⑩ こうようんーだがちー　うにぎり　かだるあとー

⑪ うんしぬんかい　いやびたん。

沖縄《おきなわ》のシーサー

⑫ ふちうぬ ぅうんしんやか いっぺー

⑬ ふぃるさん ぅうんしんでぃ

⑭ からだじゅうが ぬくたまたんてぃ

⑮ くたんでぃん とぅりやびたん。

⑯ ちとぅぐゎーうくいんやー。

⑰ えーいるくとぅ

⑱ たぬしみなちょーいびーん。

他《ほか》の地域《ちいき》の方言《ほうげん》にも触《ふ》れてみよう

コラム3 方言《ほうげん》クイズに挑戦《ちょうせん》！

問題文《もんだいぶん》の正《ただ》しい意味《いみ》はAとBのどちらかな？
正《ただ》しいと思《おも》う方《ほう》に丸《まる》をつけよう。

もんだい① おかし ばくろうよ。（北海道《ほっかいどう》）

おかし たくさん
たべようよ。

A □

おかし
こうかんしようよ。

B □

かいせつ

「ばくろう」は北海道《ほっかいどう》の方言《ほうげん》で、何《なに》かを交換《こうかん》するときに使《つか》う言葉《ことば》です。ばくりっこという使《つか》われ方《かた》をすることもあります。

もんだい② おかあさんと おにいちゃんは
ほんとうに ついねえ。（愛媛《えひめ》）

おかあさんと
おにいちゃんは ほんとうに
そっくりだねえ。

A □

おかあさんと
おにいちゃんは ほんとうに
なかが いいねえ。

B □

かいせつ

「つい」は愛媛県《えひめけん》の方言《ほうげん》で、「同《おな》じ」や「似《に》ている」を表《あらわ》す言葉《ことば》です。「つい」よりも強《つよ》く似《に》ていることを表《あらわ》す、「まっつい」という表現《ひょうげん》もありますが、若《わか》い人《ひと》はあまり使《つか》わないそうです。

ことばのふしぎ
かぞえかた

もののかぞえかた

①1《いっ》こ　2《に》こ　3《さん》こ
②ものを かぞえるとき いちばん さいごに つく
③ことばは なにかな？
④よくつかうのは「こ」。
⑤「こ」いがいにも とくべつな ことばで
⑥かぞえられる ものも ある。

□いっしょによめた
□ひとりでよめた
□あんきしてよめた

⑦ たとえば メロンは

⑧ 1《ひと》たま。

⑨ スイカや キャベツなども

⑩ 「たま」で

⑪ かぞえられるよ。

⑫ おはしは 1《いち》ぜん。

⑬ イカは 1《いっ》ぱい。

⑭ いすは 1《いっ》きゃく。

⑮ うさぎは 1《いち》わ。

⑰「わ」は ふつう とりを
⑱かぞえるときに つかう ことば。
⑲どうして うさぎに
⑳つかうのかな。
㉑うさぎの ながい みみが
㉒とりの はねのように みえるから
㉓という せつが あるよ。

コラム 4

人間《にんげん》と似《に》た見《み》た目《め》をしているけど

神様《かみさま》は「1人《ひとり》」とは数《かぞ》えない!?

日本《にほん》では昔《むかし》から神様《かみさま》を1人《ひとり》、2人《ふたり》という呼《よ》び方《かた》ではなく、ひと柱《はしら》ふた柱《はしら》と数《かぞ》えます。なぜ柱《はしら》で数《かぞ》えるのかというと、日本《にほん》では神様《かみさま》は木《き》に宿《やど》っていると考《かんが》えられていたから、という説《せつ》があります。また柱《はしら》は建物《たてもの》の中心《ちゅうしん》にあって、家全体《いえぜんたい》を支《ささ》える重要《じゅうよう》な役割《やくわり》を持《も》っていることから、人間《にんげん》の心《こころ》の支《ささ》えとなる神様《かみさま》の姿《すがた》を重《かさ》ねたという説《せつ》もあります。

神様《かみさま》は人《ひと》のような見《み》た目《め》をしているけれど特別《とくべつ》な存在《そんざい》だということが数《かぞ》え方《かた》でもわかりますね。

ことばの
ふしぎ
がいらいご

がいこくから きた ことば

①にほんごには もともと にほんで うまれたものと がいこくの ことばを もとに して つかわれている ものが ある。

②

③

④にほんで うまれたと おもっていても

⑤じつは がいこくから やってきた ことばが

⑥あるかもしれないよ。

□いっしょによめた
□ひとりでよめた
□あんきしてよめた

⑦ たとえば「**ぽんず**」。オランダでは オレンジなどの

⑧ かんきつけいの くだものを「ポンス」と

⑨ いうんだけど それがゆらいだと いわれているよ。

⑩ おはなに みずを あげる「**ジョウロ**」は

⑪ ポルトガルごで みずが でてくることを

⑫ あらわす たんご「ジョルロ」から。

⑬ えんぎものの「**だるま**」は サンスクリットごで

⑭ だいじな きまりを いみする「ダルマ」から きている。

⑮ そのほかにも「**かぼちゃ**」は
⑯ ポルトガルごから。
⑰ 「**イクラ**」は ロシアごから。

⑱ にほんごの なかには
⑲ いろんな くにの
⑳ ことばが
㉑ まざっているんだね。

第3章 ひろがる ことば

ふだんの せいかつで よく つかう たいせつな ことばを しょうかいするよ。また「はいく」や「ことわざ」「かんようく」や「よじじゅくご」といった ことばを つかった いろいろな ひょうげんについての おはなしも あるよ。あんきよみして おとなを おどろかせてみよう。

ひろがる
ことば
あいさつ

まいにち いいたい まほうの ことば

□いっしょによめた
□ひとりでよめた
□あんきしてよめた

① ともだちと あったときや バイバイするときに

② いう ことばって なんだろう？

③ 「おはよう」「こんにちは」「こんばんわ」

④ 「さようなら」「また あした」

⑤ みんなも いったことがある あいさつだね。

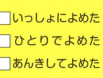

⑥ あいさつは
⑦ 「あなたを なかまだと おもっているよ」
⑧ 「あなたと おはなししたいよ」
⑨ という きもちを つたえて いろんな ひとと
⑩ なかよくなれる まほうの ことば。
⑪ ともだちや せんせいに あったら
⑫ げんきに あいさつを してみよう。

ひろがる
ことば
こえかけ

「ありがとう」と「ごめんなさい」

① 「ありがとう」と「ごめんなさい」は

② よく つかう ことばだよね。

③ 「ありがとう」は だれかが じぶんのために

④ なにかを してくれたとき。

⑤ 「してくれて うれしい」という

⑥ かんしゃの きもちを つたえる ことば。

□いっしょによめた
□ひとりでよめた
□あんきしてよめた

⑦「ごめんなさい」は
⑧わるいことを してしまったときに
⑨はんせいして つかう ことば。

⑩もし ともだちの
⑪おもちゃを こわしちゃったときは
⑫「わるかったよ。ゆるしてほしい」という きもちを
⑬こめて つたえよう。
⑭そうすると ともだちと なかなおりできるんだ。

ひろがることば
こえかけ

「いただきます」と「ごちそうさま」

□いっしょによめた
□ひとりでよめた
□あんきしてよめた

①ハンバーグを つくるためには
②スーパーで おにくを かうけど
③おにくは もともと いきていた
④ウシさんや ブタさんだったんだよ。

⑤みんなが たべている ごはんは
⑥いきものの いのちを もらって できているんだ。

⑦ たいせつな いのちを くれる

⑧ どうぶつや おさかなや やさい。

⑨ それを そだててくれた ひとや

⑩ スーパーまで はこんでくれた ひと。

⑪ そして ごはんを つくってくれた ひとに

⑫ ありがとうの きもちを つたえるための あいさつ。

⑬ たべる まえには「**いただきます**」と

⑭ しょくじの さいごは「**ごちそうさま**」を いうんだよ。

ひろがる
ことば
こえかけ

「がんばれ」と「おつかれさま」

① なにかを がんばっているときに

② いってもらうと うれしくなる ことばが あるよね。

③ ともだちが かけっこを しているときに

④ **「がんばれ！」** と いうと

⑤ おうえんしている きもちを つたえられるんだ。

⑥ かけっこが おわった ともだちには

□いっしょによめた
□ひとりでよめた
□あんきしてよめた

⑦ けっかに かんけいなく「**おつかれさま**」と

⑧ つたえてみよう。

⑨ がんばるところを みていたことを

⑩ つたえられるんだ。

⑪ おうえんする ことばは

⑫ つたえた あいてを げんきにしてくれる。

⑬ だれかが いっしょうけんめいに がんばっているとき

⑭ この ことばを いってみよう。

ひろがる
ことば
こえかけ

「うれしい」「かなしい」「だいすき」の きもち

□いっしょによめた
□ひとりでよめた
□あんきしてよめた

① 「うれしい」って いうと よろこんでいることが

② ともだちや あいてに つたわる。

③ 「かなしい」って いうと つらいことが

④ ともだちや あいてに つたわる。

⑤「だいすき」って いうと

⑥「たいせつだよ」という きもちが つたわる。

⑦きもちを つたえる ことばは

⑧あいてに じぶんの ことを

⑨わかってもらうために たいせつだよ。

⑩じぶんの きもちが あいてに つたわると

⑪いままでいじょうに

⑫みんなと なかよくなれるんだ！

ひろがる
ことば
はいく

ぽちゃん……
しーん

①はいくって しっているかな？

②たとえば こんな はいくが あるよ。

③ふるいけや
④かわず とびこむ
⑤みずの おと

□いっしょによめた
□ひとりでよめた
□あんきしてよめた

⑥ かわずは カエルのことで
⑦ はいくでは きせつの はるを あらわす ことばだよ。

⑧ ふるい いけに カエルが ぴょこんと とびこんだ。
⑨ とても しずかな ばしょだったから
⑩ ぽちゃんという おとが おおきく きこえた。
⑪ その ようすが そうぞうできる はいくだね。

⑫ この はいくを よんだ ひとは まつお ばしょう。
⑬ いまから 380《さんびゃくはちじゅう》ねんほど まえに
⑭ うまれた ひとだよ。

ひろがる
ことば
はいく

ごお〜ん ごお〜ん

①かきくへ《え》ば

②かねが なるなり

③ほうりゅうじ

④かきを たべていると ほうりゅうじの かねが

⑤ごお〜ん ごお〜んと なる おとがした。

⑥ゆったりとした じかんを かんじる はいくだね。

□いっしょによめた
□ひとりでよめた
□あんきしてよめた

⑦ ほうりゅうじは　ならけんに　ある　ふるい　おてらで

⑧ おおきな　かねが　つるされて　いるよ。

⑨ かねは　みんなに　じかんを

⑩ しらせるために　ならされるんだ。

⑪ かきは　あきに　みが　なるから

⑫ はいくでは　きせつの　あきを　あらわす

⑬ ことばとして　つかわれるよ。

⑭ この　はいくを　よんだ　ひとは　まさおか　しき。

⑮ いまから　150《ひゃくごじゅう》ねんほど　まえに

⑯ うまれた　ひとだよ。

ひろがる ことば
はいく

ゆきが ふうわり ふわり

①うまさ《そ》うな
②ゆきが ふうは《わ》り
③ふわりかな

④そらを みあげると おいしそうな ゆきが
⑤ふわり ふわりと おちてくるよ。
⑥ゆきは きせつの ふゆを あらわす ことばだね。

□いっしょによめた
□ひとりでよめた
□あんきしてよめた

⑦ この はいくを よんだ ひとは こばやし いっさ。

⑧ いまから 260《にひゃくろくじゅう》ねんほど まえに うまれた ひとで

⑨ みのまわりの できごとを やさしく

⑩ クスッと わらえるような

⑪ ことばで ひょうげんした はいくで しられているよ。

⑫ ふわふわとした しろい ゆきを みて

⑬ おいしそうだと かんじたんだね。

⑭ どんな たべものを おもいうかべたのかな？

俳句《はいく》ってなんだろう？

コラム 5 テーマから俳句《はいく》を考《かんが》えてみよう

感《かん》じたことや考《かんが》えたことをリズムに乗《の》せたりまとめたりした文章《ぶんしょう》を詩《し》といいます。「詩《し》」の中《なか》でも5文字《もじ》・7文字《もじ》・5文字《もじ》で作《つく》られていて、季節《きせつ》を表《あらわ》す言葉《ことば》「季語《きご》」が入《はい》っているものが「俳句《はいく》」です。同《おな》じく5文字《もじ》・7文字《もじ》・5文字《もじ》でできていても、季語《きご》が入《はい》っていないものは「川柳《せんりゅう》」とされています。

やってみよう

クリスマスという季語《きご》を入《い》れて俳句《はいく》を作《つく》ってみよう。

例《れい》

クリスマス
ことしはサンタと
あえるかな

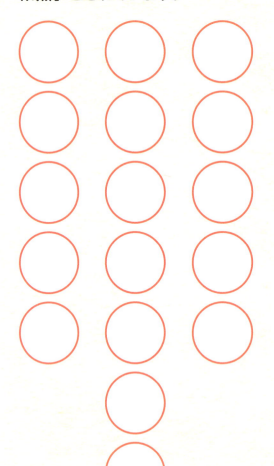

コラム 6

意外《いがい》な季語《きご》を探《さが》してみよう

こんな言葉《ことば》も季語《きご》なんだって！

猫《ねこ》の恋《こい》

春《はる》は猫《ねこ》にとって、恋《こい》をして子《こ》どもを産《う》み育《そだ》てる季節《きせつ》です。昔《むかし》の人《ひと》は野良猫《のらねこ》が恋《こい》をして、ライバルのオス同士《どうし》が喧嘩《けんか》をしたりする声《こえ》を聞《き》いて、春《はる》を実感《じっかん》していたのかもしれません。

お花畑《はなばたけ》

お花畑《はなばたけ》は夏《なつ》になると、山《やま》などの高《たか》くて涼《すず》しい場所《ばしょ》にできます。

すもう

もともとお相撲《すもう》は秋《あき》にお米《こめ》や野菜《やさい》などがたくさん取《と》れるよう、神様《かみさま》にお祈《いの》りをしたり占《うらな》いをしたりする場《ば》で催《もよお》されていました。

たい焼《や》き

一年中《いちねんじゅう》食《た》べられますが、カリッとした生地《きじ》の中《なか》のホクホクとしたあんこは寒《さむ》い日《ひ》に食《た》べるとより一層《いっそう》おいしく感《かん》じられますね。

ひろがる
ことば
ことわざ

きのぼりの たつじん
きから おちる

□いっしょによめた
□ひとりでよめた
□あんきしてよめた

①やくに たつ おしえを
②みじかい ことばにしたのが ことわざだよ。
③**「さるも きから おちる」**というのも
④ことわざなんだ。

⑤おさるさんは きのぼりが じょうずだよね。
⑥だからといって ゆだんしていると
⑦きから おちてしまうことも ある。

⑧どんなに とくいなことでも
⑨ゆだんすると
⑩しっぱいをすることもある
⑪ということだね。

⑫じしんが あることに
⑬しっぱいしても
⑭きにしなくて いいんだよ。
⑮つぎ また
⑯うまく できる やりかたを
⑰かんがえればいいんだ。

ひろがる
ことば
ことわざ

ねこに おとしだまを あげたら よろこぶ？

□いっしょによめた
□ひとりでよめた
□あんきしてよめた

① こばんは むかし つかわれていた おかねで

② 1《いち》まいでも とても たかい かちが あったよ。

③ でも ねこに たかい おかねを わたしても

④ それを どうしたらいいか わからない。

⑤ なんの やくにも たたないし うれしくないよね。

⑥ きっと ごはんを あげたほうが ずっと よろこぶと おもう。

⑦ このことから たいせつな ものでも

ものすごく いいものでも
ひつようの ない ひとには
なんの かちも ないことを
「ねこに こばん」と いうよ。

だから ひとに なにかを
あげるときは
そのひとにとって
ほんとうに
うれしいものなのか どうか
かんがえてみよう。

ひろがる
ことば
ことわざ

よくばりすぎると うまく いかない

①「にとを おうものは いっとをも えず」という
②ことわざが あるよ。
③にとは「2《に》わの うさぎ」の こと。
④うさぎを 2《に》わとも つかまえようと よくばると
⑤それぞれが べつの ほうこうに にげてしまって
⑥けっきょく どちらも つかまえられない。

□いっしょによめた
□ひとりでよめた
□あんきしてよめた

⑦ふだんの せいかつでも
⑧よくばって どうじに
⑨ふたつの ことを
⑩やろうと すると
⑪けっきょく どちらも
⑫うまく いかない
⑬という いみで
⑭つかわれるように
⑮なったよ。

ひろがる ことば
ことわざ

とりが とびたっても みずは にごらない

□いっしょによめた
□ひとりでよめた
□あんきしてよめた

①「たつ とり あとを にごさず」という ことわざの
②おはなしだよ。
③「たつ とり」とは そらに とびたつ とりさんたち。
④「にごさず」というのは よごさない こと。
⑤みずに うかぶ とりさんたちが とびたつとき
⑥みずが にごらず きれいなままであることから
⑦さいごは きれいにという
⑧おしえに つかわれる ことわざだ。

⑨たとえば みんなwhile
⑩おもちゃで あそんだあと
⑪かたづけていないと
⑫かぞくが つぎに へやを
⑬つかうとき こまるよね。

⑭きれいに してあると
⑮みんなが よろこぶから
⑯つかったあとは
⑰きれいに しておこう。

ひろがる
ことば
かんようく

あごが はずれるって？

□いっしょによめた
□ひとりでよめた
□あんきしてよめた

①くちの したに ある あご。
②あごが はずれたら たいへんだよね。
③**「あごが はずれる」**という ひょうげんは
④あごが はずれるくらい おおきく くちを あけて
⑤わらってしまうという たとえなんだよ。
⑥あそんでいるとき たのしくて
⑦ともだちみんなで くちをあけて

⑧ おおわらいしたことが あるでしょ。
⑨ おなかを かかえて わらっちゃうくらい
⑩ おもしろいことが あったときに
⑪ 「**あごが はずれる**ほど わらった」
⑫ というんだよ。
⑬ おおきく くちを あけて
⑭ ウキウキしながら
⑮ わらうと たのしいよね。

ひろがる
ことば
かんようく

あしが ぼうに なる

□いっしょによめた
□ひとりでよめた
□あんきしてよめた

①えんそくや さんぽで たくさん あるいたり
②ながい じかん たったままで いたりすると
③あしが すごく つかれて だるくなって
④かたくなって しまう かんじが あるよね。
⑤そういうふうに なったときに
⑥**「あしが ぼうに なる」**って いうんだよ。

⑦ ながい じかん あそびすぎて
⑧ あしが ヘトヘトに なったときに
⑨ **「あしが ぼうになって もう あるけない」**
⑩ というように つかうんだよ。

⑪ がんばりすぎて
⑫ あしが つかれたら
⑬ この ことばを
⑭ つかってみよう。

ひろがる
ことば
かんようく

ほっぺたが おちる

① あまいものや だいすきな ものを
② たべたときは くちの なかが
③ よろこんでいる かんじが する。
④ そうすると ほっぺたが プーッと
⑤ ふくらんだようで しあわせだよね。

□いっしょによめた
□ひとりでよめた
□あんきしてよめた

⑥ とっても おいしい ものを

⑦ たべて「おいしい！」と かんじたときに

⑧ 「おいしくて **ほっぺたが おちる**」

⑨ って いうんだよ。

⑩ ほんとうに ほっぺたが

⑪ おちるわけでは ないけど

⑫ おいしさが つたわるね。

ひろがることば
かんようく

めが てんに なる

①おめめが てんに なるって どういうこと？

②ふうせんが とつぜん パンッ！ って

③めのまえで はれつしたら

④びっくりして おめめが パッと ひらいて

⑤まんまるに なったかんじが するよね。

□いっしょによめた
□ひとりでよめた
□あんきしてよめた

⑥ そうなったときのことを

⑦ **「めが てんに なる」**って いうんだよ。

⑧ おおきな おとだけじゃなくて

⑨ とつぜん プレゼントを もらったり しても

⑩ **めが てんに** なるんだ。

⑪ おどろきを まわりの ひとに

⑫ つたえたいときに

⑬ つかってみよう。

豊《ゆた》かな表現力《ひょうげんりょく》を身《み》につけよう

コラム 7 ことわざ、慣用句《かんようく》ってなんだろう？

ことわざ

教訓《きょうくん》などが込《こ》められた、昔《むかし》から使《つか》われている言《い》い回《まわ》し。リズミカルで短《みじか》い言葉《ことば》の中《なか》に、ためになる教《おし》えが隠《かく》されています。

慣用句《かんようく》

2つ《ふた》以上《いじょう》の言葉《ことば》が結《むす》びついて、文章《ぶんしょう》の途中《とちゅう》に入《い》れて使《つか》われる表現《ひょうげん》。「ケーキが食《た》べたい」と「のどから手《て》が出《で》るほどケーキが食《た》べたい」だと、慣用句《かんようく》がある方《ほう》がより欲《ほ》しい気持《きも》ちが伝《つた》わってきませんか？
慣用句《かんようく》は自分《じぶん》の気持《きも》ちや周囲《しゅうい》の状況《じょうきょう》などをより鮮《あざ》やかに想像《そうぞう》させてくれるのです。

ことわざ・慣用句《かんようく》レギュラーメンバーは誰《だれ》だ!?

動物《どうぶつ》が出《で》てくることわざと慣用句《かんようく》の中《なか》で、登場回数《とうじょうかいすう》が多《おお》い動物順《どうぶつじゅん》にランキングにしました。1位《いちい》の牛《うし》は、昔《むかし》の日本《にほん》では農業《のうぎょう》や荷物運《にもつはこ》び、乳《ちち》の利用《りよう》などで大活躍《だいかつやく》していました。身近《みぢか》だからこそ、ことわざや慣用句《かんようく》でもよく使《つか》われるのですね。

コラム 8

どういう意味《いみ》だろう!?

世界《せかい》のおもしろい慣用句《かんようく》

日本《にほん》と同《おな》じように、世界《せかい》にも国《くに》によってさまざまな慣用句《かんようく》があります。例《たと》えばフランスの「ニワトリに歯《は》」。ニワトリには歯《は》がありませんが、そのことから現実《げんじつ》にはありえないことを表《あらわ》すとき、使《つか》います。

またドイツの「だれかにクマをおんぶさせる」という慣用句《かんようく》。急《きゅう》にクマを背負《せお》わされたら、何《なに》が何《なに》やらわからずびっくりして困《こま》ってしまいますよね。明《あき》らかにウソだと分《わ》かるような話《はなし》をしてだれかを困惑《こんわく》させることを表《あらわ》しています。

ひろがる ことば
よじじゅくご

ぜったいぜつめい

①「絶体絶命《ぜったいぜつめい》」という よじじゅくごは
② たいへんなことが おこって
③ かいけつさくが なさそうな ときに つかうよ。
④ たとえば トラに おいかけられていた
⑤ ウサギが がけっぷちに おいつめられて
⑥ がけの したには ワニが いるとき。

□いっしょによめた
□ひとりでよめた
□あんきしてよめた

⑦ どうすればいいか わからなくなって
⑧ こまったときに
⑨ **「ぜったいぜつめい」**
⑩ というんだよ。
⑪ きっと かいけつできる
⑫ ほうほうが あるから
⑬ あきらめずに
⑭ かんがえてみよう。

ひろがる
ことば
よじじゅくご

じゅうにんといろ

①「十人十色《じゅうにんといろ》」という よじじゅくごは
② じゅうにんの ひとが いれば
③ じゅうにんの ひとは みんな おなじではない
④ ということを いっているんだ。
⑤ ひとは それぞれ すきな たべものや
⑥ すきな いろが ちがうよね。
⑦ クラスに じゅうにんの ともだちが いたら みんなの

□いっしょによめた
□ひとりでよめた
□あんきしてよめた

⑧かんがえかたや
⑨かんじかたも
⑩ぜんぶ ちがうんだ。

⑪いけんが ちがっても
⑫おたがいの ちがいを
⑬わかりあって
⑭やさしくすることが
⑮たいせつなんだ。

ひろがることば
かんじ

「かんじ」ってなんだろう

①漢字《かんじ》は ひらがなや カタカナと すこし ちがっていて
②ひとつ ひとつの もじに いみが ある。
③たとえば しょくぶつの 「木《き》」という かんじは
④いっぽんの 「き」という いみを もっている。
⑤「き」の もじを ふたつ かくとき きが あつまって
⑥はえている 「林《はやし》」という いみの かんじに なる。

□いっしょによめた
□ひとりでよめた
□あんきしてよめた

⑦ みっつ かいて ならべると もっと きが たくさん ある

⑧「森《もり》」という いみの かんじに なる。

⑨ おもしろいでしょ。

⑩ かんじは ひとつの もじの なかに

⑪ たくさんの いみを こめることが できるから

⑫ とても べんりな ものなんだ。

ひろがる ことば
かんじ

もののみためから できたかんじ

□いっしょによめた
□ひとりでよめた
□あんきしてよめた

①かんじの なかには ものの かたちを みて

②そのまま おえかきのように もじに した ものが ある。

③たとえば 「山《やま》」の かんじは

④やまの かたち そっくりだね。

⑤「木《き》」も はえている ようすが よく わかる。

「火《ひ》」も たきびの
ほのおが もえあがるように
みえるでしょ。

だから かんじを みると
その かんじが なにを
あらわしているのか
そうぞうできることが
あるんだ。

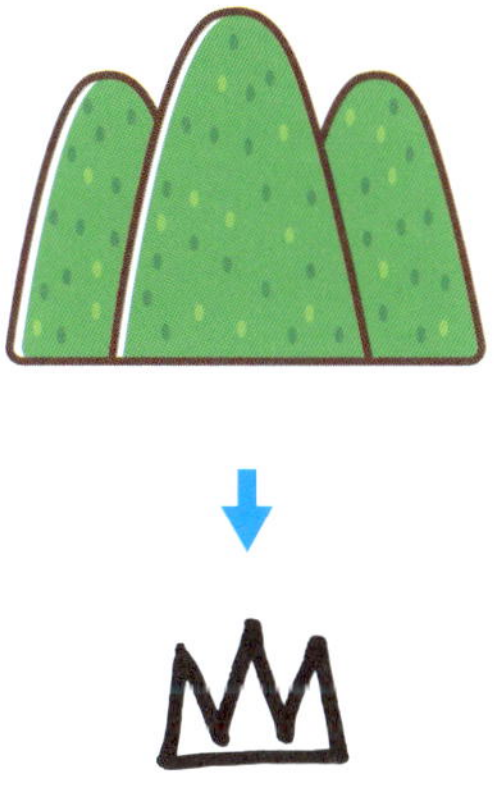

ひろがることば
がいこくご

がいこくごの「こんにちは」

① みんなが はなしている にほんごの「**こんにちは**」は

② ほかの くにでは ちがう ことばに なるんだよ。

③ イギリスや アメリカと いう くにで つかわれている

④ えいごでは「**ハロー**」

⑤ おとなりの ちゅうごくでは「**ニーハオ**」

⑥ フランスでは「**ボンジュール**」

□いっしょによめた
□ひとりでよめた
□あんきしてよめた

⑦スペインでは「オラ」っていうんだ。

⑧ずいぶん ちがうよね。

⑨でも いみは みんな おなじ。

⑩だから がいこくの ひとと あうときには

⑪それぞれの くにや ちいきの ことばで

⑫「こんにちは」が いえたら

⑬せかいじゅうに ともだちが できるかもしれないね。

そんなにたくさんあるの！？

コラム 9

どうして国《くに》によって言葉《ことば》が違《ちが》うんだろう？

世界《せかい》におよそ3000～7000種類《しゅるい》あるとされる言葉《ことば》がどのように生《う》まれたのか、はっきりとした答《こた》えはわかっておらず、さまざまな説《せつ》があります。

一説《いっせつ》には人間《にんげん》の祖先《そせん》は約《やく》10万年前《まんねんまえ》に言語《げんご》の型《かた》を使《つか》うようになり、長《なが》い時間《じかん》をかけて世界中《せかいじゅう》へ住《す》む場所《ばしょ》を広《ひろ》げていったそうです。

飛行機《ひこうき》や電話《でんわ》、スマートフォン、インターネットなどがない時代《じだい》、離《はな》れた場所《ばしょ》の人《ひと》と交流《こうりゅう》することは不可能《ふかのう》に近《ちか》いことでした。ですから言語《げんご》の型《かた》は地域《ちいき》ごとに発達《はったつ》し、現在《げんざい》のように国《くに》ごとに違《ちが》う、さまざまな言葉《ことば》になったそうです。

地域《ちいき》の価値観《かちかん》が言葉《ことば》にも影響《えいきょう》を与《あた》える！

遊牧民族《ゆうぼくみんぞく》として生活《せいかつ》に馬《うま》が欠《か》かせなかったモンゴルでは馬《うま》の大切《たいせつ》さが言葉《ことば》にも表《あらわ》れています。例《たと》えば「モリタイ(馬《うま》がある)」は日本語《にほんご》で言《い》うと「幸運《こううん》であること」、「モリグイ（馬《うま》がない)」は「不幸《ふこう》」という意味《いみ》として使《つか》われるのだそうです。

ぶんかのおはなし
めいぶん

わがはいはねこである

夏目《なつめ》漱石《そうせき》

□いっしょによめた
□ひとりでよめた
□あんきしてよめた

① わがはいは ねこである。

② なまえは まだ ない。

③ どこで うまれたか とんと けんとうが つかぬ。

④ なんでも うすぐらい じめじめしたところで

⑤ ニャーニャー ないていたことだけは きおくしている。

⑥ わがはいの しゅじんは めったに わがはいと
⑦ かおを あわせることがない。
⑧ しょくぎょうは きょうしだそうだ。
⑨ がっこうから かえると しゅうじつ しょさいへ
⑩ はいったぎり ほとんど でてくることがない。
⑪ いえの ものは たいへんな
⑫ べんきょうかだと おもっている。
⑬ とうにんも べんきょうかであるかのごとく
⑭ みせている。

⑮しかし じっさいは うちの ものが いうような

⑯きんべんかではない。

⑰わがはいは ときどき しのびあしに

⑱かれの しょさいを のぞいてみるが

⑲かれは よく ひるねを していることがある。

⑳ときどき よみかけてある ほんの うえに

㉑よだれを たらしている。

㉒わがはいは ねこながら ときどき かんがえることがある。

㉓ きょうしというのは じつに らくなものだ。

㉔ にんげんと うまれたら きょうしとなるに かぎる。

㉕ こんなに ねていて つとまるものなら

㉖ ねこにでも できぬことはないと。

㉗ それでも しゅじんに いわせると きょうしほど

㉘ つらいものは ないそうで かれは ともだちが

㉙ くるたびに なんとかかんとか

㉚ ふへいを ならしている。

※一部抜粋

ぶんかのおはなし
めいぶん

てぶくろを かいに

新美《にいみ》南吉《なんきち》

①とうとう ぼうしやが みつかりました。
②こぎつねは おしえられたとおり トントンと
③とを たたきました。「こんばんは」
④すると とが いっすんほど ゴロリと あいて
⑤ひかりの おびが みちの しろい ゆきの
⑥うえに ながく のびました。

□いっしょによめた
□ひとりでよめた
□あんきしてよめた

⑦「この おててに ちょうどいい

⑧てぶくろ ください」

⑨すると ぼうしやさんは おやおやと おもいました。

⑩きつねの てです。

⑪そこで「さきに おかねを ください」と いいました。

⑫こぎつねは すなおに にぎって きた しろどうかを

⑬ふたつ ぼうしやさんに わたしました。

⑭ぼうしやさんは それを ひとさしゆびの さきに
⑮のっけて カチあわせてみると
⑯チンチンと よい おとがしましたので
⑰これは このはじゃない ほんとの おかねだと
⑱おもいましたので
⑲たなから こどもようの けいとの てぶくろを
⑳とりだしてきて こぎつねの てに
㉑もたせてやりました。

㉒こぎつねは おれいを いって
㉓また もと きた みちを かえりはじめました。
㉔「おかあさんは にんげんは おそろしいものだって
㉕おっしゃったが ちっとも おそろしくないや。
㉖だって ぼくの てを みても どうもしなかったもの」
㉗とおもいました。

※一部抜粋

ぶんかの
おはなし
ぎょうじ

おしょうがつはつもうで

① **おしょうがつ**は あたらしく はじまる としを
② みんなで おいわいする きかんの こと。
③ おしょうがつが ちかづくと おうちを
④ おそうじしたり おせちりょうりを つくったり
⑤ なんだか ソワソワするよね。

□いっしょによめた
□ひとりでよめた
□あんきしてよめた

⑥かぞくみんなで あつまって
⑦こどもは おとなから おとしだまを もらったりして
⑧ゆっくりと たのしく すごすんだ。

⑨じんじゃや おてらに
⑩おまいりする
⑪**はつもうで**では
⑫かみさまに ねがいことを
⑬おいのりしよう。

ぶんかの
おはなし
ぎょうじ

せつぶん

①せつぶんって しってる？

②「オニはー そと ふくはー うち」って

③まめを まく ひを せつぶんといって

④まいとし 2《に》がつ3《みっ》かごろが その ひ なんだよ。

⑤これから おとずれる はるの まえに

⑥みんなが げんきで しあわせに すごせる ように

□いっしょによめた
□ひとりでよめた
□あんきしてよめた

⑦ おうちの なかから そとに むかって
⑧ まめを まいて わるい オニを
⑨ おいはらうんだよ。
⑩ オニは わるいことや
⑪ びょうきを はこんでくる。
⑫ だから みんなで おいはらおう。

⑬ **オニはー そと！**
⑭ **ふくはー うち！**

ぶんかのおはなし
ぎょうじ

ひなまつり

①ひなまつりは 3《さん》がつ 3《みっ》かに おこなう ぎょうじ。
②おんなのこが げんきで しあわせに すごせるように
③ねがいを こめて ひなにんぎょうを かざったり
④ちらしずしや ひなあられを たべたりするよ。
⑤でも なんで おにんぎょうを かざるんだろう?

□いっしょによめた
□ひとりでよめた
□あんきしてよめた

⑥むかしむかし おにんぎょうで からだを なでて
⑦それを かわに ながすと びょうきや わるいことを
⑧おにんぎょうが つれていってくれると されていた。
⑨その ならわしが ひなまつりに かわっていったんだ。

⑩かわいらしい ひなにんぎょうは
⑪こどもの かわりに
⑫わるい うんを
⑬ひきうけてくれるんだね。

ぶんかのおはなし
ぎょうじ

こいのぼり ごがつにんぎょう

① **こいのぼりと ごがつにんぎょうは**

② 5《ご》がつ5《いつ》かの **こどものひ**に かざるものだよ。

③ この ひは おとこのこの せいちょうを おいわいするんだ。

④ こいのぼりは そとにかざる おおきな

⑤ さかなの かたちをした はただよ。

⑥ そらを げんきに およぐ こいのぼりのように

□いっしょによめた
□ひとりでよめた
□あんきしてよめた

⑦ おとこのこが げんきに

⑧ そだつことや せいこうすることを おねがいするんだよ。

⑨ ごがつにんぎょうは むかし たたかいで みにつけた

⑩ かぶとや よろいを まねた にんぎょう。

⑪ かぶとや よろいのように

⑫ おとこのこを

⑬ まもってくれることを

⑭ ねがって かざるんだ。

ぶんかの
おはなし
ぎょうじ

おぼん

①おぼんは なつに おこなわれる ぎょうじだよ。

③むかしから にほんでは ごせんぞさまが

④おうちに かえってくる ひと されているんだ。

⑤おうちを きれいにして とくべつな ごはんを

⑥よういして ごせんぞさまを おむかえするんだよ。

□いっしょによめた
□ひとりでよめた
□あんきしてよめた

⑦かぞくで あつまって おはかまいりを したり
⑧ごせんぞさまが おうちを みつけられるように
⑨ひを つけたりする。

⑩そうして
⑪てんごくの ごせんぞさまが
⑫しあわせで いられることを
⑬おねがいするんだ。

ぶんかのおはなし
ぎょうじ

おつきみ

① よる おそらに まんまるの おつきさまが

② みえるときが あるよね。

③ それを「まんげつ」って いうんだよ。

④ あかるくて きれいだよね。

⑤ この まんげつは 1《いち》ねんの うちに

⑥ 12《じゅうに》かいか 13《じゅうさん》かいい みることが できるんだ。

□いっしょによめた
□ひとりでよめた
□あんきしてよめた

⑦まんげつも きれいだけど あきの そらに うかぶ

⑧おつきさまは とくべつに きれいだよ。

⑨だから この じきの おつきさまを

⑩**「ちゅうしゅうの めいげつ」**と いって

⑪むかしから おつきさまを みて たのしんで いるんだ。

⑫おだんごを おそなえして

⑬ススキを かざろう。

⑭ みんなで おそらを みあげて
⑮ おいしいものをたべたり
⑯ たのしく すごしたりして
⑰ きれいな おつきさまを たのしもうね。

コラム 10

どれを食べてみたいかな？

日本《に ほん》各地《かく ち》のいろいろなお雑煮《ぞう に》

鳥取《とっとり》

宮城《みやぎ》

鹿児島《かごしま》

京都《きょうと》

お正月《しょうがつ》に食《た》べるお雑煮《ぞうに》は、地域《ちいき》によってさまざまな材料《ざいりょう》や味付《あじつ》けで作《つく》られます。例《たと》えば宮城県《みやぎけん》では海《うみ》がすぐ近《ちか》くにあっておいしいお魚《さかな》が取《と》れるので焼《やき》ハゼやイクラがお雑煮《ぞうに》に入《はい》っています（写真右上《しゃしんみぎうえ》）。京都《きょうと》のお雑煮《ぞうに》は白味噌《しろみそ》で作《つく》られるので白《しろ》い色《いろ》をしています（写真右下《しゃしんみぎした》）。茶色《ちゃいろ》い味噌《みそ》よりもまろやかで優《やさ》しい味《あじ》がします。鳥取《とっとり》ではあんことお餅《もち》が入《はい》ったぜんざいのようなお雑煮《ぞうに》を食《た》べます（写真左上《しゃしんひだりうえ》）。そして鹿児島《かごしま》では昔《むかし》からエビ漁《りょう》が盛《さか》んだったため、ぜいたくに焼《や》きエビを乗《の》せて食《た》べます（写真左下《しゃしんひだりした》）。他《ほか》にもいろいろなお雑煮《ぞうに》があるので、自分《じぶん》のおうちのお雑煮《ぞうに》とどう違《ちが》うのか調《しら》べてみても楽《たの》しいですね。

ぶんかのおはなし
ようかい

まるで かべみたいな ぬりかべ

□いっしょによめた
□ひとりでよめた
□あんきしてよめた

①むかしむかし おじいさんが よるの やまみちを
②あるいていると ふしぎなことが あった。
③きゅうに まえが みえなくなって
④「いったい どうしたんだろう?」と
⑤よく みると おおきな かべ のようなものが
⑥たちはだかっていた。

⑦「なんだ これは？」と おもっていると うごきだして
⑧いきたい ほうこうを ふさいでしまった。
⑨これは ようかい「**ぬりかべ**」に ちがいない。
⑩おじいさんが みちを
⑪まちがえたのを
⑫しらせてくれて
⑬おじいさんが おれいを
⑭いうと いなくなった。

ぶんかの
おはなし
ようかい

しらぬまに いる ぬらりひょん

①「ぬらりひょん」という ようかいは
②みためは ただの きものを きた おじいさんなんだ。
③きがつくと いえの なかに いて くつろいでいる。
④いえの ひとが みても
⑤「この おじいさんは かぞくだ」と かんちがいするんだ。
⑥でも わるいことを するわけでもなく こわくもない。

□いっしょによめた
□ひとりでよめた
□あんきしてよめた

⑦そのまま ほうっておくと いつのまにか
⑧すっと いなくなってしまう。

⑨ぬらりひょんは
⑩ひとの おうちで
⑪のんびりと すごして
⑫きがつくと いなくなる。

⑬ふしぎで ちょっと
⑭ゆかいな ようかいだね。

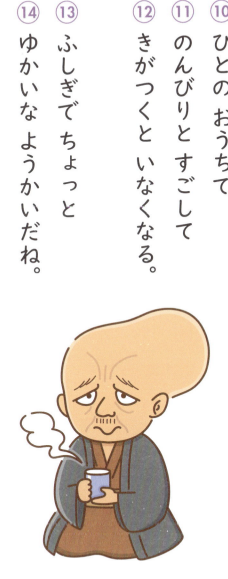

ぶんかのおはなし
ようかい

しあわせの ようかい キジムナー

① あたたかい みなみの しま おきなわには
② 「キジムナー」と いう かわいらしい
③ こどもの すがたを した ようかいが いる。
④ キジムナーは ぜんしんに まっかな けが
⑤ はえて いて いつも げんきに とびはねて
⑥ 「あそぼうよ」って ちかづいて くる。

□いっしょによめた
□ひとりでよめた
□あんきしてよめた

⑦キジムナーの だいこうぶつは おさかな。

⑧りょうしさんが うみに いくときに

⑨キジムナーが いっしょだと おさかなの

⑩いる ばしょを おしえてくれたり つりを

⑪てつだってくれたりして

⑫いつもより たくさんの

⑬おさかなが

⑭つれるように なるんだ。

ぶんかの
おはなし
ようかい

うつくしくて こわい ゆきおんな

☐いっしょによめた
☐ひとりでよめた
☐あんきしてよめた

①むかしむかし ゆきが たくさん ふる ひに
②「**ゆきおんな**」という ようかいが でた。
③すきとおるような しろい きものすがたの
④とても うつくしい おんなの ひとだけど
⑤いつのまにか あかんぼうを つれさってしまう。
⑥あかんぼうを だいた ゆきおんなは
⑦みちで であった おとなに

⑧「このこを だいてください」と ちいさな
⑨こえで ささやくんだって。
⑩ところが その あかちゃんは ゆきのように つめたく
⑪だいているうちに だんだんと おもくなり
⑫おとなは ジリジリと ゆきのなかに
⑬うずまっていって
⑭やがて こごえて
⑮うごけなくなって
⑯しまったんだって。

ぶんかのおはなし
ようかい

ながーい はなの てんぐ

①やまや もりの おくふかくに「てんぐ」は すんでいる。とても ながい はなが あって かおの いろは まっかっか。うごきやすい きものを きて 1ぽん《いっ》あしの げたを はいているんだ。ぶしのように けんじゅつが とくいで とっても つよいんだ。

□いっしょによめた
□ひとりでよめた
□あんきしてよめた

⑧ てんぐは やまの まもりがみのようなもので
⑨ やまの かみさまに ごあいさつを しないで
⑩ やまに のぼると てんぐに おこられてしまう。
⑪ てんぐは やまを まもるためにいる ようかいだけど
⑫ ちゃんと あいさつができる
⑬ こどもには やさしいから
⑭ こわくないよ。

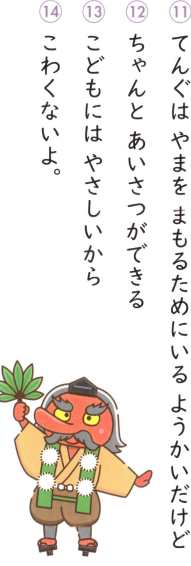

ぶんかのおはなし
ようかい

ふわふわ かわいい ケセランパセラン

□いっしょによめた
□ひとりでよめた
□あんきしてよめた

① 「ケセランパセラン」は かぜにのって あらわれる。

② ふわふわした わたのように まるくて

③ こどもの てのひらくらいの おおきさ。

④ ケセランパセランは こううんを はこんで

⑤ きてくれる ものなんだ。

⑥ そばに いるだけで いいことが たくさん おこるよ。

⑦ もし ケセランパセランを つかまえたら

⑧ あなの あいた はこに いれて おしろいを

⑨ あげると げんきに なって おおきく なる。

⑩ むかしの ひとは そうやって

⑪ たいせつに して いたんだ。

⑫ ちかくに いると

⑬ たのしく なって

⑭ やさしい きもちに なるんだって。

ぶんかの
おはなし
でんせつ

そらを とびまわる ドラゴン

□いっしょによめた
□ひとりでよめた
□あんきしてよめた

① 「ドラゴン」は がいこくの やまの なかに すんでいる。

② からだは ヘビのように ながく

③ コウモリみたいな おおきな はねで

④ そらを じゆうに とべるんだ。

⑤ ドラゴンには ひとを おそう わるいやつも いれば

⑥ ひとを たすけてくれる いいやつも いる。

⑦ あるひ こどもたちが あそんでいると

⑧いい ドラゴンが そらから まいおりてきて
⑨「いっしょにあそぼう」と いったんだ。
⑩こどもたちは せなかに のせてもらって
⑪そらを とんで ぼうけんしたんだ。

⑫もし いい ドラゴンに
⑬あうことが できたら
⑭せなかに のせてもらって
⑮せかいじゅうを
⑯ぼうけんできるかも。

ぶんかの
おはなし
でんせつ

キラキラと かがやく ペガサス

□いっしょによめた
□ひとりでよめた
□あんきしてよめた

①「ペガサス」は ギリシャの かみさまたちの おはなしに
② でてくる とくべつな いきものだよ。

③ キラキラと かがやく うまのようで
④ せなかには おおきくて きれいな つばさが はえている。
⑤ だから りくを はしれるだけでなく そらも とべる
⑥ すごい ちからを もっているんだ。

⑦ ペガサスが そらに とびたつときに できる
⑧ あしあとからは いずみが わくと いわれているよ。
⑨ その いずみの みずを のむと とても いい アイデアを
⑩ おもいつくんだって。

⑪ ペガサスは プライドが
⑫ たかいから
⑬ れいぎただしくすると
⑭ きにいってもらえるかも。

ぶんかのおはなし
でんせつ

ほのおのような フェニックス

□いっしょによめた
□ひとりでよめた
□あんきしてよめた

①きんいろや あかいろに かがやく
②うつくしい はねに おおわれた「フェニックス」。
③きれいで おおきな はねは たいようのように
④かがやいて まるで ほのおに つつまれているみたい。
⑤ながい おばねも ひかって
⑥おそらを フェニックスが まうと にじが

⑦かかったように あかるく いろづくんだ。

⑧フェニックスは いのちが おわるときに

⑨もえて はいに なるけど

⑩その はいから あたらしく

⑪うまれかわるんだ。

⑫えいえんの いのちを

⑬もっているんだね。

ぶんかのおはなし
でんせつ

ちいさい ようせい ピクシー

□いっしょによめた
□ひとりでよめた
□あんきしてよめた

①もりや そうげんには 「ピクシー」 という
②てのひらに のるぐらいの ちいさな
③ようせいが すんでいる。
④ピクシーは キラキラ ひかる むしのような
⑤はんとうめいの はねを もっている。
⑥かぜにのって どこへでも とんでいけるんだよ。

⑦ピクシーは いたずらが だいすきで リスさんの
⑧しっぽを ひっぱったり こどもの ぼうしを
⑨かくしたりするんだ。

⑩ほんとうは やさしいから
⑪もりの なかで
⑫みちに まよっていると
⑬みちあんないを
⑭してくれることもある。

ぶんかの
おはなし
でんせつ

おおきい ようせい トロール

□いっしょによめた
□ひとりでよめた
□あんきしてよめた

① 「**トロール**」は おおおとこの すがたをした ようせい。

② ちからもちで おおきな いわを

③ うごかしたり きを たおしたりも できる。

④ おかなどの もりあがった だいちの したで

⑤ にんげんと おなじように せいかつしているけれども

⑥ へやの なかは きんぎんの おたからで いっぱいらしい。

⑦トロールが こまったときに てつだうと その おれいは
⑧なんばいにも なって かえってくるんだって。

⑨みためは おおきくて
⑩こわそうに みえるけど
⑪うまく つきあって
⑫いけば とても いい
⑬ともだちに
⑭なれるはずだ。

ぶんかの
おはなし
でんせつ

でんせつの いきもの グリフィン

□いっしょによめた
□ひとりでよめた
□あんきしてよめた

①「グリフィン」は しんわに でてくる いきもの。
②からだは ライオンで あたまは ワシ
③せなかには つばさも ついているよ。
④りくじょうでは ライオンのように つよく
⑤おおぞらでは ワシのように とびまわる
⑥さいきょうの でんせつの いきものだ。

⑦つよいだけでなく まじめで しんらいできるから
⑧みんなから たいせつにされていて
⑨たからものを どうくつの なかで まもっていたんだ。

⑩ふしぎな すがたと とくべつな ちからは
⑪とっても とっても
⑫みりょくてきで
⑬さまざまな ものがたりに
⑭とうじょうしているよ。

コラム 11

西洋《せいよう》のドラゴンとアジアの龍《りゅう》

ドラゴンと龍《りゅう》は何《なに》が違《ちが》うの？

ドラゴンは大《おお》きな翼《つばさ》が生《は》えているけれど、龍《りゅう》は生《は》えていません。見《み》た目《め》だけでなく、人間《にんげん》との関係性《かんけいせい》も違《ちが》います。ドラゴンはヨーロッパで生《う》まれたもので、もともとは悪魔《あくま》が姿《すがた》を変《か》えたものとして考《かんが》えられていました。そのためドラゴンが登場《とうじょう》する昔話《むかしばなし》では、ドラゴンは悪者《わるもの》であることが多《おお》いです。一方《いっぽう》アジアで生《う》まれた龍《りゅう》は、水《みず》を司《つかさど》る神様《かみさま》として、信仰《しんこう》の対象《たいしょう》となっていました。また中国《ちゅうごく》では昔《むかし》から、皇帝《こうてい》の身《み》につける服《ふく》などの模様《もよう》などにしばしば龍《りゅう》が用《もち》いられ、権力《けんりょく》と結《むす》びついた尊《とうと》い存在《そんざい》として考《かんが》えられていたことが分《わ》かります。

感《かん》想《そう》ページ

書《か》き方《かた》のヒント
（※書《か》き方《かた》→14ページ）

全体《ぜんたい》

・子《こ》どもが自分《じぶん》で書《か》いても、保護者《ほごしゃ》が書《か》いてもＯＫ
・「できなかったこと」ではなく「できたこと」に注目《ちゅうもく》します

メモ欄《らん》

・読《よ》んでみた子《こ》どもの感想《かんそう》

例《れい》
・むずかしかった
・○が面白《おもしろ》かった

・どんな読《よ》み方《かた》で音読《おんどく》をしたか

例《れい》
・かんぺき読《よ》みで⑩まで読《よ》めた
・すごく小《ちい》さい声《こえ》で読《よ》んだ
・あんき読《よ》みで最後《さいご》まで読《よ》めた

・スピードチャレンジの時間《じかん》と行数《ぎょうすう》

例《れい》
・1分《ぷん》で⑮まで読《よ》めた
・30秒《びょう》で⑩まで読《よ》めた

サイン

・スタンプやシールを活用《かつよう》してもＯＫ
・聞《き》いていた保護者《ほごしゃ》の感想《かんそう》を一言《ひとこと》添《そ》えてもよいですね

※2回目以降《かいめいこう》の記入《きにゅう》をする時《とき》はフリー欄《らん》を活用《かつよう》してください

書き方⬇14ページ　書き方のヒント⬇193ページ

16～17ページ
どうぶつたちが おはなししているよ
サイン

18～19ページ
とりたちが おはなししているよ
サイン

20～21ページ
あめは どんなふうに ふる?
サイン

22～23ページ
かぜは どんなふうに ふく?
サイン

24～25ページ
てんてんまるの となえーうた
サイン

26～27ページ
いろいろな わらいかた
サイン

28～29ページ
どんな うごきを しているかな?
サイン

おはなし：
サイン

30～31ページ

もののようすをつたえることば

サイン

32～33ページ

いろいろなものがひかっているよ

サイン

34～35ページ

わたしはだれでしょう①

サイン

36～37ページ

わたしはだれでしょう②

サイン

38～39ページ

はやくちことばいえるかな

サイン

40～41ページ

なが～～いはやくちことば

サイン

42～43ページ

なにがいいたいかわかったらてんさい！

サイン

おはなし：

サイン

書き方➡14ページ　書き方のヒント➡193ページ

44～45ページ
しりとりの ルール
サイン

46～47ページ
かいぶんで あそぼう
サイン

48～49ページ
いみが わかるように よめるかな？
サイン

50～51ページ
ゆかいな ダジャレ
サイン

52～53ページ
いちばん ながい なまえの しゅと
サイン

54～55ページ
ピカソの ほんとうの なまえ
サイン

56～57ページ
じゅげむ
サイン

おはなし：
サイン

書き方➡14ページ　書き方のヒント➡193ページ

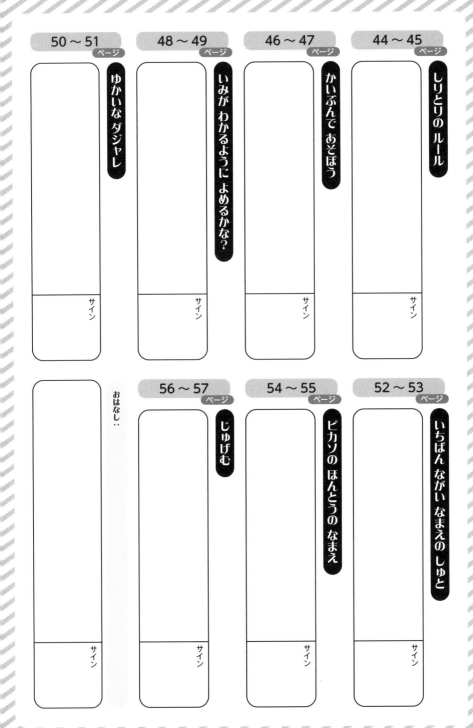

60～61ページ

にているけれど すこし ちがう

サイン

62～63ページ

はんたいの ことばは なんだろう

サイン

64～66ページ

「ら」ぬきことば

サイン

68～69ページ

みためは おなじでも ちがう ことば①

サイン

70～71ページ

みためは おなじでも ちがう ことば②

サイン

72～73ページ

なぞかけの しゅぎょうを しよう

サイン

74～75ページ

なぞかけマスターに なれるかな？

サイン

おはなし：

サイン

書き方➡14ページ　書き方のヒント➡193ページ

書き方➡14ページ　書き方のヒント➡193ページ

76～77 ページ
ようすを たべもので たとえる

サイン

78～79 ページ
とうきょうの おばあちゃんから

サイン

80～81 ページ
あおもりの おばあちゃんから

サイン

82～83 ページ
おおさかの おばあちゃんから

サイン

84～85 ページ
ふくおかの おばあちゃんから

サイン

86～88 ページ
おきなわの おばあちゃんから

サイン

90～92 ページ
ものの かぞえかた

サイン

94～96 ページ
がいこくから きた ことば

サイン

書き方➡14ページ 書き方のヒント➡193ページ

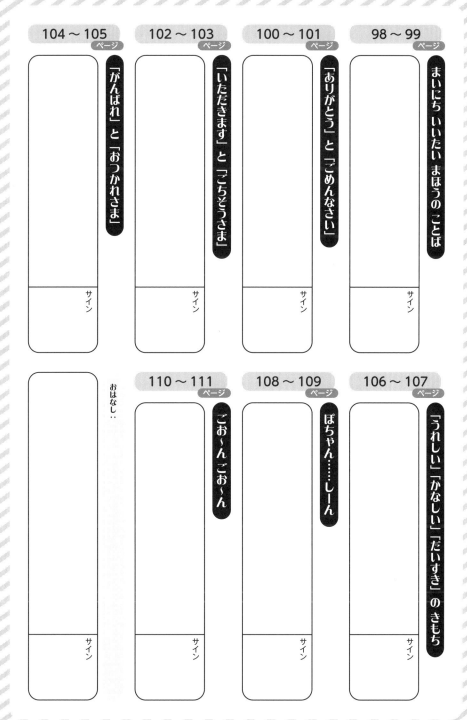

112～113ページ

ゆきが ふうわり ふわり

サイン

116～117ページ

きのぼりの たつじん きから おちる

サイン

118～119ページ

ねこに おとしだまを あげたら よろこぶ?

サイン

120～121ページ

よくばりすぎると うまく いかない

サイン

122～123ページ

とりが とびたっても みずは にごらない

サイン

124～125ページ

あごが はずれるって?

サイン

126～127ページ

あしが ぼうに なる

サイン

おはなし：

サイン

書き方⬇14ページ　書き方のヒント⬇193ページ

128～129 ページ

ほっぺたが おちる

サイン

130～131 ページ

めが てんに なる

サイン

134～135 ページ

ぜったいぜつめい

サイン

136～137 ページ

じゅうにんといろ

サイン

138～139 ページ

「かんじ」って なんだろう

サイン

140～141 ページ

ものの みためから できた かんじ

サイン

142～143 ページ

がいこくごの 「こんにちは」

サイン

おはなし：

サイン

書き方⬇14ページ　書き方のヒント⬇193ページ

146～149
ページ

わがはいは ねこである

サイン

150～153
ページ

てぶくろを かいに

サイン

154～155
ページ

おしょうがつ はつもうで

サイン

156～157
ページ

せつぶん

サイン

158～159
ページ

ひなまつり

サイン

160～161
ページ

こいのぼり ごがつにんぎょう

サイン

162～163
ページ

おぼん

サイン

おはなし：

サイン

書き方⬇14ページ　書き方のヒント⬇193ページ

164〜166ページ

おつきみ

サイン

168〜169ページ

まるで かべみたいな ぬりかべ

サイン

170〜171ページ

しらぬまに いる ぬらりひょん

サイン

172〜173ページ

しあわせの ようかい キジムナー

サイン

174〜175ページ

うつくしくて こわい ゆきおんな

サイン

176〜177ページ

ながーい はなの てんぐ

サイン

178〜179ページ

ふわふわ かわいい ケセランパセラン

サイン

おはなし：

サイン

書き方⬇14ページ　書き方のヒント⬇193ページ

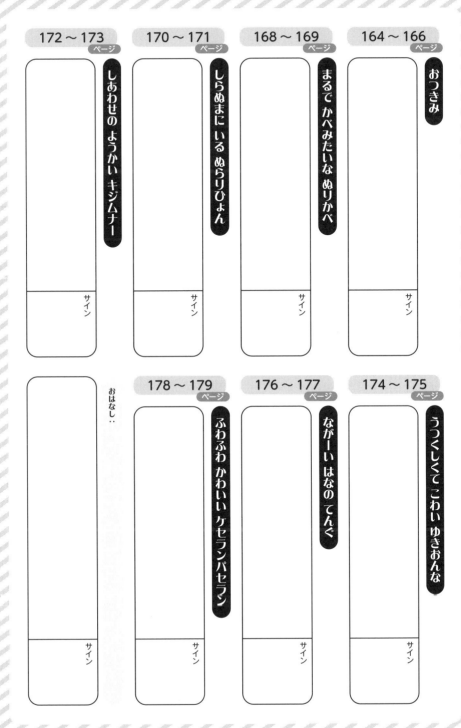

180～181ページ

そらを とびまわる ドラゴン

サイン

182～183ページ

キラキラと かがやく ペガサス

サイン

184～185ページ

ほのおのような フェニックス

サイン

186～187ページ

ちいさい ようせい ピクシー

サイン

188～189ページ

おおきい ようせい トロール

サイン

190～191ページ

でんせつの いきもの グリフィン

サイン

おはなし：

サイン

おはなし：

サイン

書き方➡14ページ　書き方のヒント➡193ページ

プロフィール

●監修　土居　正博（どい　まさひろ）

公立小学校教員、東京書籍小学校国語教科書編集委員。

現役の公立小学校教員としての現場での実践をもとに、主に国語科や学校生活での指導法を発信。東京書籍の委員として国語の教科書の編集にも携わる。主な著書に『漢字指導法』（明治図書出版）、『音読指導法』（明治図書出版）、『授業で学級をつくる』（東洋館出版社）、『指示の技術』（学陽書房）などがある。近年は教育現場に留まらず、家庭での国語教育、指導の分野においても説得力のある理論で支持を集め、学習児童書の監修なども多く務めている。

X　　　　@masadoi413
Instagram　@doimasahiro413
（2024年11月現在）

参考文献・ウェブサイト

『金田一先生の使ってのばそう日本語力2　類義語・反対語・多義語』井波玲子（2008）あかね書房
『金田一先生の使ってのばそう日本語力3　擬声語・擬態語・ひゆ』小林照子，荒井温子（2008）あかね書房
『日本語オノマトペのえほん』高野紀子（2020）あすなろ書房
『数え方図鑑』やまぐちかおり（2019）日本図書センター
『漢字なりたちブック　1年生』伊東信夫 (2012) 太郎次郎社エディタス
『夏目漱石全集』（1988）ちくま文庫
『新美南吉童話集』（1996）岩波文庫
『小学生おもしろ学習シリーズ 完全版 ことわざ・四字熟語・慣用句大辞典1120』青木伸生，笹原宏之監修 (2021) 西東社
『大迫力！世界のモンスター・幻獣大百科』山口敏太郎 (2021) 西東社
『大迫力！世界の妖怪大百科』山口敏太郎 (2015) 西東社
国立国会図書館「レファレンス協同データベース」https://crd.ndl.go.jp/reference/
『モンゴル馬の毛色の研究—モンゴル馬事文化研究序説—』　剛布和
https://www.tufs.ac.jp/common/is/kyoumu/pg/pdf/gang.pdf

Staff

執筆協力：宮崎博
カバーデザイン：karon
本文デザイン：徳元育民
イラスト：くるみれな　みさきゆい（マーブルプランニング）
校正：文字工房燦光
写真・イラスト提供：bonchan ／ PIXTA　ささざわ／ PIXTA　AM スタジオ／ PIXTA
FUTO ／ PIXTA　マツイアヤカ／ PIXTA
編集・制作：長坂奏里（スタジオダンク）

「わたしはだれでしょう」の答《こた》え

P35　さくら　　P37　いろえんぴつ（クレヨン）

寄稿

音読の力

音読は小学校低学年の宿題の定番です。毎日子どもの音読を聞いているという親御さんも多いでしょう。中には毎日同じ話を聞くのは大変だし、子どもも飽きてしまうのでは？　と考える方もいらっしゃると思います。

そもそもなぜ音読は宿題の定番になっているのでしょうか？　それは音読による、すばらしい効果を期待できるからです。

具体的には
・黙読では読み流してしまう言葉も、耳で声を聞くことで意識し、内容の理解が深まる
・どの部分にどんな内容が書かれているのかを認識しやすくなるため、授業の理解が深まる
・黙読のスピードがあがる
・新しい言葉とその使い方を覚え、語彙が増える
・語彙が伸びると理解力、思考力、表現力も伸びる
などが代表的なものとして挙げられます。

大切なことは音読を楽しみながらできるようにすることです。小さい頃に「楽しむ経験」をたくさんしていた人は、中高生・社会人と成長していった時に、大きく伸びやすいとされています。自分で興味を持って取り組んだ経験が、勉強や仕事に向かっていく力をくれるからです。

本書を音読するときも、親子で会話をするように読んでみたり、声の調子を変えてみたりと、楽しむ工夫をしてみると良いでしょう。ことわざや慣用句、四字熟語、有名な俳句などを暗唱することもおすすめです。いずれ学校のテストで出てきた時にスラスラと解けるので、国語を好きになるきっかけになることが意外とあるのです。

何より、子どもの音読を聞いたら、たくさんほめてあげてください。ほめられて嬉しくない人はいません。ほめられることで音読が好きになり、自信をもつことができる分野がまた1つ増えるはずです。

教育評論家　親野智可等《おやのちから》

プロフィール

長年の教師経験をもとに、子育て、親子関係、しつけ、勉強法、家庭教育について具体的に提案。SNSやブログ、メールマガジン、各種メディアの連載などで発信する内容は多くの共感と支持を集めている。オンラインを含む全国各地の小・中・高等学校、幼稚園・保育園のPTA、市町村の教育講演会、先生や保育士の研修会などでも講演を行なっている。著書多数。
■公式HP　https://www.oyaryoku.jp/　■X・Instagram・Threads　@oyanochikara（2024年11月現在）

頭《あたま》がよくなる！
こくごのおんどく
言葉《ことば》って不思議《ふしぎ》でおもしろい！

2024年11月20日　初版発行

監修／土居《どい》　正博《まさひろ》
寄稿／親野智可等《おやのちから》
発行者／山下 直久
発行／株式会社KADOKAWA
〒102-8177　東京都千代田区富士見2-13-3
電話　0570-002-301（ナビダイヤル）
印刷所／大日本印刷株式会社
製本所／大日本印刷株式会社

●お問い合わせ
https://www.kadokawa.co.jp/（「お問い合わせ」へお進みください）
※内容によっては、お答えできない場合があります。
※サポートは日本国内のみとさせていただきます。
※Japanese text only

定価はカバーに表示してあります。

ISBN 978-4-04-606888-0　C8076